어른초년생의
마인드 트레이닝

옮긴이 • 최은아
상명대학교 경제학과를 졸업한 후 교육 회사에서 인사 관리 및 교육 프로그램 개발을 담당했다. 현재 번역가로 활발히 활동 중이다. 글로 표현되지 않은 저자의 생각을 추리하는 데 흥미를 느끼고 독자가 저자의 생각을 온전히 흡수하도록 돕는 일에 사명감을 느낀다.
역서로는 《생각이 바뀌는 순간》, 《인생이 바뀌는 하루 3줄 감사의 기적》, 《THE ONE-PAGE PROJECT(더 원 페이지 프로젝트)》 등이 있다.

어른초년생의
마인드 트레이닝

2021년 10월 3일 초판 1쇄 펴냄

지은이 • 조 맥키
옮긴이 • 최은아
디자인 • 김경미
펴낸곳 • 도서출판 일므디
전자우편 • llmeditbook@gmail.com

ISBN 979-11-970317-7-9 03180

값 15,000원

The Disciplined Mind: Develop Mental Toughness, Strengthen Your Willpower, and Control Your Thoughts by Zoe McKey
Copyright ⓒ 2020 by Zoe McKey
All rights reserved.

This Korean edition was published by Il me dit in 2021 by arrangement with TLL Literary Agency through Hobak Agency, South Korea.

이 책은 호박 에이전시(Hobak Agency)를 통한 저작권자와의 독점 계약으로 도서출판 일므디에서 출간되었습니다. 저작권법에 의해 한국 내에서 보호를 받는 저작물이므로 무단전재와 복제를 금합니다.

어른초년생의
마인드 트레이닝

일므디

차례

6 시작하는 글

1장

괜찮아, 누구나 어른은 처음이야

21 인생은 기브&테이크다
38 자유에는 책임이 따른다
49 절대적인 옳고 그름은 없다

2장

타인의 시선을 지나치게 의식해서 힘든 건 아닐까?

59 저 사람은 무슨 생각을 하는 걸까?
68 짜증 날 때 더욱 이성적으로
89 SNS에서 보이는 게 다는 아니다
102 내가 원하는 일을 해야 행복도 얻게 된다

3장

실수가
영원한 실패는 아니야

115　오늘보다 내일 더 나은 사람이 되려면
128　이제 바라는 걸 얻으려고 행동할 때
136　실패보다 더 좋은 교사는 없다
145　연습이 습관을 만든다

159　**이야기를 마치며**
165　**역자 후기**
173　**참고 문헌**

시작하는 글

"전능하신 하느님! 저희 모두에게 변화시킬 수 없는 것은 겸허하게 받아들일 수 있도록 평온함을 허락하시고 변화시킬 수 있는 것은 과감하게 변화시킬 수 있도록 용기를 주소서. 아울러 이를 올바로 식별하는 지혜를 주소서."

— 라인홀드 니부어, 〈평온을 비는 기도〉

오래전 나는 인생의 터닝 포인트를 맞았다. 더 나은 기회를 찾아 장학금을 준다는 헝가리로 유학을 간 것이다. 부모님에게 돈이 나올 구멍이라곤 없었다. 아파트 임대료를 낼 형편이 안 됐기 때문에 나는 고등학교에서 무료로 제공하는 기숙사에 들어가게 됐다. 기숙사에는 있을 만한 것들이 있었다. 내 물품을 보관할 공간과 잠자리, 씻을 공간, 그게 다였다. 그런데 나에게는 그 밖에 필요한 것이 있었다. 음식이었다. 놀랍게도 기숙사에서 음식은 주지 않았다. '굶어 죽기 전에 샤워는 할 수 있겠네.' 나의 열네 살 먹은 뇌는 이런 생각을 했다.

　기숙사에는 가난한 아이들이 저렴하게 음식을 사 먹을 수 있는 매점이 있었지만 나는 저렴하다는 그 식사를 할 돈도 없었다. 그것은 학교의 문제가 아니었다. 나는 학교에서 누구보다 가난했다. 우리 학교 학생의 부를 측정해 종형 곡선으로 그리면 나는 가난한 쪽의 가장 끝에 위치할 것이다. 하지만 나는 자긍심이 높았기 때문에 머리를 꼿꼿이 들고 혼자 헤쳐 나가겠다는 마음으로 도움을 요청하지 않았다. 나는 스스로를 전사라고 생각했다. 역경과 싸워 생존자가 될 거라고 다짐했다.

　나는 점심시간에 식당에서 다른 사람이 먹는 모습을 부루퉁한 얼굴로 쳐다보며 문제와 맞섰다. 누군가 내게 음식을 주기를 바라고 있었던 것이다. 하지만 그런 일은 한 번도 일어나지 않았다. 기대할 수 있는 것이라고는 누군가 테이블에 음식을 남기고 가는 거였다. 그러면 나는 남은 음식으로 연회를 즐길 수 있을 테니 말이다. 하지만 테이블에 음식이 남아 있더라도 알량한 자존심 때문에 연회를 즐기기는커녕 쫄쫄 굶었다. 다른 사람이 나를 볼까 봐 신경이 쓰였던 탓이다. 남의 시선을 의식하는 전형적인 10대 아이였던 나는 내가 어떤 이미지로 비춰지는지에 관심이 많았다. 금요일에는 이런 식으로 나 자신을 설득했다. '난 배고프지 않아. 이번 주에는 이미 음식을 먹었잖아.' 그러면서도 부루퉁하게 앉아서 매점 아주머니가 남은 음식을 서둘러 치우지 않기를 기도했다.

매점에 오래 머무르면 어떻게든 먹을 것을 구할 수 있으리라는 기대를 품고 3일을 보냈다. 하지만 아무것도 먹을 수 없었다. 배 속에서 꼬르륵거리는 소리만 들릴 뿐이었다. 한 가지 더 들리는 소리가 있었다. 매점 아주머니의 날카롭고 시끄러운 목소리였다. 그녀는 얼마나 많은 그릇을 치우고 닦아야 하느냐며 계속 불평을 쏟아 냈다.

아하, 머릿속이 환해졌다!

다음 날 나는 점심시간이 끝난 후 식당으로 내려가 그릇들을 모아 그릇을 운반하는 카트로 옮기기 시작했다. 느닷없는 내 행동을 보고 매점 아주머니는 몹시 당황하는 기색이 역력했지만 곧 고맙게 생각했다. 마침 그 순간 내 배는 잘 훈련된 개처럼 요란하게 꼬르륵거렸다. 소리가 얼마나 요란했던지 아주머니는 세 아이의 어머니답게 내가 왜 그런 행동을 하고 있는지 바로 눈치챘다. 그녀는 남은 음식이 많으니 배고프면 한두 접시를 주겠다고 했다. 아니, 원하는 만큼 줄 수 있다고 했다. 어차피 버릴 음식이니 말이다. 그 순간부터 나는 일자리를 얻고 대가를 받았다. 내 시간과 에너지를 음식과 맞바꾼 것이다.

나는 헝가리 학교의 시스템을 바꿀 수 없다는 사실을 깨달았다. 교육부가 수업료를 면제해 주고, 무료 기숙사를 제공하는 것을 포함하여 무료 식사까지 주도록 하는 것은 내 능력 밖의 일이었다. 설령 그 일을 내가 성공시킬 수 있더라도 먼 훗날의 얘기라 내 상황을 당장 나아지게 할 수는 없었다. 내가 처한 상황에 대한 해결책은 바로 내 앞에 있었다. 운이 좋게도 나는 내가 바꿀 수 있는 일을 바꿀 기회를 잡았다. 그리고 엄청난 효력이 즉각 나타났다.

'나의 통제를 벗어난 일은 바꿀 수 없다.'

그렇다면 바꿀 수 있는 일은 자신이 통제할 수 있는 일들이다. 오늘날 사람들은 무엇이든 자신의 뜻대로 할 수 있기를 바란다. 그렇게 하지 못하면 절망에 빠진다. 자포자기의 상태에서는 자신의 문제를 해결할 수 있는 방법이 눈앞에 있어도 그냥 지나치고 만다. 내 경우 태도를 바꿔야겠다는 생각을 하기 전에는 학교 시스템이나 학급 친구들의 생각 등 다른 것들이 변하기를 기대했다.

니부어의 기도를 다시 한번 살펴보자. "전능하신 하느님! 저희 모두에게 변화시킬 수 없는 것은 겸허하게 받아들일 수 있도록 평온함을 허락하시고 변화시킬 수 있는 것은 과감하게 변화시킬 수 있도록 용기를 주소서. 아울러 이를 올바로 식별하는 지혜를 주소서."

어떤 상황을 통제하지 못해 좌절감을 느끼는 경우 대부분의 원인은 자신의 영향이 어디까지 미치는지 정확하게 평가하지 못한 데 있다. 우리는 자신의 삶을 스스로 이끌어 가는 존재지만 그렇다고 해서 삶이 자신의 뜻대로 펼쳐지지는 않는다. 하지만 괜찮다. 살아가면서 자신이 어떤 믿음과 원칙을 지켜 나가야 할지는 선택할 수 있기 때문이다. 그러한 원칙에 대한 자각이 더 나은 결정을 내리고, 더 많은 통제력을 행사하고, 자신의 선택에 책임을 지는 존재가 되는 핵심이다.

스티븐 코비는 자신의 베스트셀러 《성공하는 사람들의 7가지 습관》에서 유용한 삶의 원칙들을 이야기한다. 그중 한 가지는 주도성이다.

인간인 우리는 자신의 성격을 면밀히 검토하여 스스로를 어떻게 바라볼지 지금 처한 상황에 어떻게 반응할지 선택할 수 있다. 우리는 자신의 효과성에 대한 통제력을 갖는 연습을 해야 한다. 그렇게 하기 위해 코비는 반사적이 아니라 주도적이 되기 위해 부단히 노력해야 한다고 말한다.

반사적인 태도는 수동적이다. 이 그룹에 속한 사람들은 세상의 모든 일들이 그저 자신들 눈앞에서 벌어진다고 생각한다. 흔히 그들은 이렇게 변명한다.

"난 원래 그래요."

"아무것도 할 수 없어요."

"못해요."

그들에게 문제는 외부에 있다. 대부분 불가항력의 상황이라 자신이 통제할 수 있는 게 전혀 없는 것처럼 보인다. 하지만 진짜 문제는 그 외부의 문제가 아니라 사고방식에 있다. 반사적인 태도는 자기 충족적 예언으로 쉽게 바뛴다. 반사적인 사람은 자신이 희생자이며 통제할 수 있는 게 없다고 느끼기 때문에 문제를 해결하기 위한 행동을 하지 않는다. 그래서 문제가 해결되지 않는다. 결국 그들의 생각은 현실이 된다. 문제가 그들이 감당할 수 없을 정도로 더욱 심각해지는 것이다.

이와 반대로 주도적인 사람은 자신에게 책임이 있다는 사실을 안다. 코비의 표현을 빌리면 책임responsibility은 반응하는 능력response-ability이다. 이것은 어떤 자극이나 상황에 대한 반응을 선택하는 능력이다. 코비는 자극과 반응 사이에 무엇을 하고 어떻게 반응할지 결정할 수 있는 짧은 순간이 있다고 말한다.

'나는 내 반응을 결정하고 통제하겠다.'

'대안을 찾아보자.'

'내가 선택하겠다.'

코비는 '관심의 원'(큰 원)과 '영향력의 원'(큰 원 안에 있는 작은 원)이라는 개념을 소개한다. 그는 영향력의 원에 초점을 맞춰야 한다고 말한다. 우리가 효과적으로 바꿀 수 있는 것은 영향력의 원뿐이기 때문이다. 다시 말해 우리는 할 수 있는 일에 시간과 에너지를 투자해야 한다. 보통 반사적인 사람은 관심의 원에, 주도적인 사람은 영향력의 원에 초점을 맞추는 경향이 있다.

영향력의 원 안에 있는 요소에 시간과 에너지를 쏟아 보자. 그러면 스스로 통제할 수 있는 영향력의 원이 더욱 커지면서 그에 따라 삶의 형태가 결정될 수 있을 것이다. 무언가를 바꾸는 주도적인 방법은 처한 상황을 완전히 다른 시각으로 보는 것이다. 세상을 헤쳐 나가면서 긍정적인 변화를 발산할 때 주도적으로 상황을 바꿀 수 있다. '나는 열린 생각을 할 수 있다. 더 열심히 일할 수 있다. 속도를 늦추고 더욱더 심사숙고할 수 있다.' 등의 생각이 변화를 위한 주도적인 방법이다. 내 경우에는 '나는 스스로 매점 아주머니에게 도움을 주겠다.'라는 결심이 주도적인 방법이었다.

관심의 원에 있는 모든 것을 자신이 통제할 수 없다는 사실을 인정해야 한다. 하지만 영향력의 원 안에 있는 것은 자신의 통제권으로 넣어 삶을 발전시킬 수 있다. 무슨 일을 하든지 자신의 행동에 책임감을 가져야 한다. 당신이 겪는 문제에 대한 잘못이 당신에게 있든 그렇지 않든 그 일의 책임은 당신에게 있다.

여기에 생각해 볼 만한 점이 있다. 사람들은 과실과 책임을 혼동하는 경향이 있다는 사실이다. 일반적으로 사람들은 과실이 있으면 책임을 지고 그렇지 않으면 책임을 지지 않는다는 이분법적 사고를 갖고 있다. 마음을 다스리려면 어떤 일에 책임을 지는 게 곧 그 일에 과실이 있는 거라는 생각을 버려야 한다. 그 둘은 같은 뜻이 아니다. 책임을 지면 과실을 추궁당한다고 잘못 생각하기 때문에 흔히 사람들은 책임을 지려고 하지 않는다. 그러나 당신의 과실이 없더라도 삶에 문제가 생기면 그것을 바로잡는 것은 당신 책임이다.

예를 들어 아침 일찍 여유 있게 출근길에 나섰지만 고속도로에서 사고가 발생해 몇 시간 동안 꼼짝 못 하고 있다고 해 보자. 사고가 생긴 건 당신 책임이 아니지만 직장에 전화를 걸어 늦을 거라고 사장에게 알리는 것은 당신 책임이다. 당신 잘못이 아니더라도 지각은 지각이니까.

무심코 실수를 할 때가 있다. 그럴 경우에도 책임을 져야 한다. 예기치 못하게 다른 사람의 옷에 커피를 쏟았다고 해 보자. 일부러 그런 게 아니더라도 당신 잘못이다. 비록 어쩔 수 없는 사고지만 그 일에 대한 책임을 져야 한다. 커피가 상대의 옷을 더럽히지 않았는가. 사과를 하고 세탁비를 지불해야 한다. 아마 세탁비까지 받으려는 사람은 별로 없을 것이다. 진심 어린 사과를 하며 당신이 유발한 문제에 대한 해결책을 제시한다면 상대는 옷에 커피 얼룩이 묻었더라도 기분이 풀릴 것이다.

살다 보면 자신의 잘못이 전혀 없는데도 가혹한 일이 생길 수 있다. 예를 들어 배 속의 아기가 심각한 정신적 또는 신체적 질환을 갖고 태어날 가능성이 있다는 진단을 받았다고 해 보자. 그 일이 당신 잘못은 아니지만 어떤 결정을 내릴지는 당신 책임이다. 그리고 그 결정으로 인한 결과에 책임을 져야 한다. 어떤 결정을 내리든 그 결과는 당신이 평생 짊어지고 가야 할 것이다.

책임을 더 많이 질수록 삶에 대한 통제력은 더 강화되며 영향력의 원은 더 커진다. 왜 그럴까? 당신이 어떤 일에 책임감을 갖게 되면 그 순간 과거에서 벗어나 현재로 넘어

온 것이기 때문이다. 그리고 문제가 해결되는 지점은 바로 현재다.

그럼 어떤 상황에 대해 통제력을 극대화하려면 어떻게 해야 할까?

1. 자신이 원하는 결과가 무엇인지 인식하기.
2. 계획을 지연시키거나 방해하는 불가항력적인 사건에 대비하기.
3. 목표에 도달하는 과정에 융통성을 발휘하기.
4. 목표에도 융통성을 발휘하기.
5. 책임감을 가지기.

이 단계들은 사소한 문제뿐 아니라 더 큰 문제에도 적용할 수 있다. 통제력을 극대화하고 책임감을 갖는 태도를 제2의 천성으로 만들려면 연습이 필요하다. 스트레스를 받는 상황에서 당신이 어떻게 반응하는지 몸과 마음으로 기억해야 한다. 당신은 어떻게 반응하는가? 당신의 가치관에 따라 행동하는가? 마음의 평정을 유지하는가? 영향력의 원 안에 있는 것들에 통제력을 발휘하는가?

살아가면서 통제력과 책임감을 발휘하기 가장 어려운 영역은 어디인가? 어떤 상황에서 당신은 가장 방어적이 되고, 화를 내고, 낙담하는가? 당신이 통제할 수 없는 관심의 원의 어떤 부분에 시간과 에너지를 쏟고 있는가? 이러한 면들과 관련된 당신의 현재 특성을 자각해야 한다. 자각이 성장의 열쇠다.

어른초년생이 기억해 두면 좋을 포인트

- 당신이 바꿀 수 있는 것은 영향력의 원 안에 있는 것이다. 그것을 삶에 가장 적합한 상태로 바꾸자.

- 행동에 대해 책임을 지는 것이 과실을 인정한다는 뜻은 아니다. 그러니 잘못을 추궁당할 염려는 떨쳐 버리고 자신이 한 행동에 책임을 지도록 해 보자.

- 관심의 원 안에 있는 요소에 대해 당신이 어떤 반응을 나타내는지 살펴보고 그러한 반응을 변화시키자.

1장

·

괜찮아, 누구나 어른은 처음이야

인생은 기브&테이크다

마음을 다스릴 수만 있다면 최고의 축복이 될 수 있는 것이 마음을 잘 다스리지 못하면 순식간에 최악의 저주가 되어 버린다. 우리 앞에 펼쳐진 무한한 가능성이 축복이 될 수도 있고 저주가 될 수도 있다는 말이다. 예를 들어 생각해 보자. 피지로 여행을 가는 건 어느 때보다 더 쉬워졌다. 타히티나 그레이트 배리어 리프 역시 마음만 먹으면 갈 수 있다. 당신에게 7일의 시간과 3,000달러가 있다고 해 보자. 어느 곳으로 여행을 가겠는가?

둘 중 어디도 당신이 오랫동안 꿈꿔 온 여행지가 아니

라면 어떨까? 여행을 통해 얻을 수 있는 경험은 생각하지 못하고 돈과 시간만 낭비할지 모른다고 생각할 수 있다. 실망감에 그냥 주저앉아 고개를 절레절레 흔들며 얻는 것은 별로 없고 잃는 것이 더 많다고 느낄 것이다. 이런 식으로 생각한 적이 있는가?

오늘날 문화는 어떤 현상을 묘사하는 신조어들을 속속 만들어 낸다. 예를 든 상황에 대해서도 사람들은 욜로(YOLO, You Only Live Once)나 포모(FOMO, Fear Of Missing Out)라는 말로 설명한다. 어떤 기회 앞에서 사람들은 일단 욜로라는 마음가짐을 갖는다. 인생은 한 번뿐이니 오늘을 위한 삶을 살겠다는 것이다. 하지만 그와 동시에 당장 무언가를 누리면 다른 좋은 기회를 놓칠 수 있다는 두려움인 포모에 휩싸이고 만다. 이 두 가지 생각은 우리의 정신을 완전히 장악해 마음을 다스리지 못하게 만든다. 그래서 우리는 종종 당나귀가 되는 지경에 처한다.

당나귀가 된다니, 무슨 의미일까? 당나귀와 관련된 짧은 우화가 있다. 우화에 등장하는 당나귀는 음식을 먼저 먹을지 물을 먼저 마실지 결정하지 못한다. 그래서 아무것도 하지 못하고 결국 목말라 죽었다. 이와 유사하게 일부 사람들은 피지로 갈지 타히티로 갈지 또는 무엇을 할지 결정하지 못한다. 원활하게 의사소통하는 기술을 배울까, 중국어를 배울까? 일식을 먹으러 갈까, 양식을 먹으러 갈까? 그러다 결국 소파에 앉아 인스턴트 수프나 먹으며 시간을 보낸다. 미루는 태도도 있고, 잘못된 결정에 대한 두려움도 있어 이러지도 못하고 저러지도 못하는 것이다.

다른 유형의 사람들도 있다. 거의 본능적으로 결정을 내리는 유형이다. 피지로 가겠어! 중국어를 배울 거야! 피자를 먹겠어! 그리고 피지에 가고, 초보자용 중국어 책을 훑어보고, 피자를 먹는다. 하지만 뭔가 꺼림칙하고 불안한 생각이 서서히 밀려온다. 만약 타히티에서 더 멋진 경험을 할 수 있었으면 어떡하지? 더 저렴한 피자는 없었을까? 초밥을 먹을 걸 그랬나? 새로운 언어를 배우기보다 의사소통 기술을 발전시키는 게 더 좋지 않았을까? 이미 결정을 끝냈으면서도 그들은 자신의 선택 때문에 놓친 다른 대안을 곱씹는다. 이런 현상을 설명하는 데 유용한 경제학 용어가 있다. 바로 기회비용이다.

인생의 모든 일은 거래다. 오늘날은 그 어느 때보다 더욱 그렇다. 당신이 무엇을 할지, 무엇을 먹을지, 무엇을 배울지, 무엇에 시간을 쓸지 선택하는 것과 상관없이 그런 선택을 했을 때 얻지 못하는 다른 것들이 수십만 개는 될 것이다. 따라서 자신의 필요를 평가하고 그것의 우선순위를 매겨야 현명한 선택을 할 수 있다. 그렇지 않으면 늪에 빠진 것처럼 끊임없이 기회비용만 생각하다가 합리적인 판단을 하지 못할 수 있다. 만일 기회비용이 너무 높아 어느 것 하나 포기할 수 없다고 생각해 아무것도 하지 않는 사람은 우화에 나오는 당나귀와 비슷한 유형의 사람이다.

기회비용에 대해 좀 더 깊이 살펴보자.

베스트셀러 《신경 끄기의 기술》의 저자 마크 맨슨은 캐나다의 CTV 뉴스에서 보도된 이야기를 토대로 블로그에 포스팅을 했다. 글에는 모하메드 엘 에리언이라는 남자가 나온다. 그는 2조 달러의 자산 가치를 지닌 채권 운용 회사 핌코PIMCO의 CEO였다. 1억 달러의 높은 연봉을 받는, 말 그대로 돈이 많은 사람이었고 성공 가도를 달리고 있었다.

성공을 향해 탄탄대로를 달려가는 일은 누구에게나 선망의 대상이었지만 엘 에리언은 사직하기로 결심했다. 아마 사람들은 이렇게 생각할지 모른다. 대체 무슨 일이 연봉을 1억 달러나 받는 일보다 나은가? 혹시 연봉을 2억 달러 주는 데로 옮기나? 그렇지 않다. 그는 더 높은 보수를 받는 일을 하려고 사직한 게 아니었다. 엘 에리언은 열 살짜리 딸과 더 많은 시간을 보내기 위해 CEO 자리를 포기했다.

우리 사회에서 이런 뉴스가 그냥 넘어갈 리 없다. 엘 에리언의 소식은 들불처럼 퍼져 나갔다. 오늘날 사회는 부자가 되는 것을 최고의 가치라 여긴다. 더 큰 부, 최고의 부를 쌓으라는 외침이 가득하다. 이러한 사회적 분위기 속에서 엘 에리언이 사직하기로 결정한 이유는 사회의 가치와 상반됐기 때문에 큰 뉴스거리가 되었다.

엘 에리언은 도대체 무엇 때문에 그런 결정을 했을까? 중차대한 기로에 서게 된 날, 즉 그가 사직을 결심하게 된 날은 여느 날과 다름없이 하루가 시작됐다. 그는 딸과 사소한 문제로 언성을 높였다. 아이에게 양치질을 하라고 했는데 하지 않겠다고 한 것이다. 바쁜 아침에 고집을 피우는 딸이 못마땅해 그는 부모의 권위를 내세우며 이렇게 말했다.

"나는 네 아빠야. 그러니까 너는 내 말을 들어야 해."

그의 말을 들은 어린 딸은 잠시만 기다려 달라고 하고 자기 방으로 들어갔다. 아이는 몇 분 후에 종이 한 장을 들고 방에서 나왔다. 종이에는 올해 아이가 느낀 아빠가 부재한 순간이 22개나 적혀 있었다.

딸이 삐뚤빼뚤 쓴 유치한 문장들이 엘 에리언의 마음 속 무언가를 바꾸어 놓았다. 바로 다음 날 그는 직장을 그만두었다. 수중에 돈 한 푼 들어오지 않더라도 아이를 위해 아빠 노릇을 하기로 선택한 것이다.

여기서 기회비용 문제가 생긴다. 하기로 선택한 일은 다른 무언가를 하지 못하는 대가를 치른다. 모든 것을 다 할 수는 없다. 하나의 결정을 내릴 때마다 그와 유사한 수많은 선택들이 창밖으로 날아가 버린다. 화려한 경력을 얻기로 선택한다면 시간과 에너지라는 값을 치러야 한다. 집에서 더 많은 시간을 보내기로 선택하면 필연적으로 직장에서 일하는 시간은 줄어든다.

당나귀 우화에는 장기적인 사고방식 및 인내심과 관련된 교훈이 있다. 당신은 원하는 것을 가질 수 있지만 모두를 한꺼번에 가질 수는 없다. 《당신이 원하는 것*Anything You Want*》의 저자인 데릭 시버스는 이렇게 말한다.

"당신이 30대라면 여섯 개의 다양한 목표를 추구해 나가십시오. 그리고 10년 동안 한 가지씩 이루십시오. 그러면 90대에 모든 것을 완수하게 됩니다. 30대인 당신이 90대까지의 계획을 세운다는 게 터무니없어 보입니까? 하지만 그때는 분명히 옵니다. 그러니 당신이 그런 계획을 세워 유익을 얻으면 좋겠습니다. 갈등을 느끼거나 주의가 산만해지는 일 없이 한 번에 한 가지 목표에 온전히 초점을 맞춰야 합니다. 그래야 다른 것들도 이룰 수 있기 때문입니다."

허기와 갈증은 번갈아 가며 채울 수 있다. 인내심을 갖고 시간을 활용하면 된다. 시간이 흐르면서 당신은 많은 일을 할 수 있을 것이다. 올해는 피지 여행을 가고, 중국어도 배우고, 피자도 먹어 보자. 그리고 내년에는 타히티에서 멋진 시간을 보내고, 초밥을 먹으면 된다. 물론 중국어는 계속 배워야 할 것이다. 어려운 언어니까 말이다.

당신이 하는 모든 선택에는 희생이 따른다. 엘 에리언의 경우, 그가 희생한 것은 직장이었다. 그는 다른 무언가를, 즉 자신의 딸을 얻기 위해 직장을 포기했다.

모든 선택은 대가를 치러야 한다. 대담한 선택을 할수록 치러야 하는 '기회비용'은 더 커진다. 오늘날 사회에서 부를 쌓고 성공한 사람은 찬사를 받는다. 하지만 그 뒤에는 부와 성공에 상응하는 엄청난 기회비용이 있다. 성공한 사람들은 그것을 위해 많은 것을 포기했다. 빌 게이츠는 사무실에서 잠을 자는 것으로 유명하며 안젤리나 졸리는 문밖으로 한 발자국만 나서도 언론의 관심 대상이 되어 카메라 세례를 받는다. 하지만 안타까워할 필요는 없다. 그들의 운명은 스스로 선택한 것이고 거기에 대한 책임은 본인에게 있다.

가장 귀중한 기회비용은 시간이다

사람들은 자신의 시간을 소비하면서 누군가의 부탁을 들어주기로 결정하면 대개 보답을 기대한다. 회사를 위해 일하는 사람은 월급을 기대한다. 자신의 시간을 돈과 맞바꾸는 것이다. 나는 매점 아주머니를 도와 그릇을 치웠고 그 대가로 음식을 기대했다. 아주머니 역시 음식을 주기 전에 내가 설거지를 할 것이라고 생각했다. 누군가 당신의 일을 도와준다면 그 사람은 보답으로 무언가를 얻길 기대할 것이다. 당신의 호의나 도움을 기대할지 모른다. 아니면 피넛 버터 머핀을 바랄지도.

호의를 주고받는 것에도 원칙이 있다

선의가 되돌아올 거라는 기대 없이 타인에게 도움을 베푸는 사람은 거의 없다. 당연하다. 누군가에게 도움을 베푼다는 것은 자신의 시간이라는 가장 귀중하고 되찾을 수 없는 자산을 주는 것이기 때문이다. 이와 유사하게 우리도 누군가로부터 무언가 도움을 받으면 보답하고 싶다는 마음이 본능적으로 생긴다.

칭찬을 주고받은 적이 있는가? 특히 여성이 칭찬을 주고받기를 좋아하는 것 같다. 어떤 여성이 친구에게서 "머리 스타일이 정말 예쁘다."라는 말을 듣는다고 해 보자. 그러면 그녀는 본능적으로 친구의 외모를 훑어보고 칭찬의 말로 보답한다. "오, 네 옷도 정말 예쁘네." 물론 이는 작은 호의를 주고받은 것이지만 그렇게 호의를 주고받는 일은 더 크게 이루어지기도 한다.

사회심리학자는 그런 현상을 '호혜성의 원칙'이라고 부른다. 호혜성의 원칙은 누군가에게서 도움을 받으면 그 사람에게 보답하고자 하는 심리적 충동을 갖게 되는 것을 말한다. 때로는 받은 것보다 더 큰 것으로 보답해야겠다는 생각을 하기도 한다. 머핀을 하나 받았으면 보답으로 두

개를 주고 싶은 마음이 드는 것이다. 보답하려는 충동을 외면해 보답을 하지 않는 사람도 있지만 그러면 나중에 죄책감이나 부끄러움을 느끼게 될 가능성이 크다.

물론 이런 원칙은 부정적인 면으로도 작동할 수 있다. 되갚고 싶다는 충동이 부정적으로 나타날 수 있다는 것이다. 쉽게 말해서 누군가에게 해를 당하면 그에 대한 화답으로 보복 심리가 생기는 것이다. 이는 자연스러운 심리적 충동이기도 하지만 문명화된 사회에서 사람들은 그런 충동을 억누르려고 노력한다.

고대 바빌로니아 제6대 왕인 함무라비 재위 시절인 기원전 1754년경에 기록된 함무라비 법전은 '눈에는 눈, 이에는 이'라는 원칙을 강력하게 제시했다. 하지만 그리스도교와 불교를 비롯한 다른 종교에서는 복수를 하려는 충동을 억누르는 다른 방법을 가르쳤다. 성경에는 "누가 네 오른뺨을 치거든, 다른 뺨마저 돌려 대어라."라는 관용의 지혜가 담겨 있으며, 필리핀에는 "누군가 당신에게 돌을 던지면 그 사람에게 다시 던져라. 단 돌이 아니라 빵을 던져야 한다."라는 속담이 있다.

여러 세기에 걸쳐 인류는 부정적으로 되갚는 방식을

없애려는 노력을 해 왔다. 아직도 일부 문화에서 '피의 복수'라는 개념이 강한 생명력을 유지하고 있지만 전반적으로 인류는 긍정적인 되갚음은 장려하고 부정적인 되갚음은 막으려 한다.

호혜성의 원칙에서 주의해야 할 점이 또 하나 있다. 일부 사람은 그릇된 목적으로 그 원칙을 이용한다는 사실이다. 예를 들어 누군가 당신에게 지나친 칭찬을 하면서 접근해 '대가 없는 호의'를 베풀겠다고 한다면 어떨까? 선의에 보답하고 싶은 마음이 생기는 게 인간의 자연스러운 특성이니 당신도 보답하고 싶은 마음이 들 것이다. 하지만 상대는 그 마음을 이용하려고 할지 모른다. 당신을 조종해서 자신에게 무언가 보답하는 행동을 하게 하려고 할 수 있다. 이 점을 잘 인식하고 있어야 한다. 누군가 보답으로 무언가를 원하는 분명한 목적을 갖고 당신에게 접근한다는 직감이 들면 그 사람의 도움을 받거나 도움에 보답하기 전에 다음 사항을 평가해 보자.

- 그 일이 내게 어떤 의미가 있는가? 그 사람에게는 어떤 의미가 있는가?

- 무언가를 주고받는 비율은 어떻게 되나? 그 비율이 내게 적절한가?

- 그 사람의 행동 이면에는 어떤 의도가 깔려 있는가?

당신이 받는 것과 보답으로 주어야 할 것이 전체적으로 균형을 이룬다는 결론에 이르면, 호혜를 기반으로 한 상호 작용은 서로에게 유익이 될 수 있다. 하지만 당신이 잃는 쪽이 될 거라는 느낌이 들면, 이러한 점들을 자각해 정확한 정보를 바탕으로 결정을 내려야 한다.

당신의 시간은 가장 값비싼 기회비용임을 잊지 말아야 한다. 현대 사회에서는 수많은 선택의 기회가 생겨나고 있기에 기회비용은 그 어느 때보다 더 높아진 듯 보인다. 하나를 선택했기에 놓칠 수밖에 없는 기회들을 생각해 보자. 그 대가가 얼마나 크겠는가? 그렇다면 우리는 시간이라는 측면에서 어떻게 최상의 가치를 지닌 결정을 할 수 있을까?

마크 맨슨은 이렇게 말한다. "만약 자신의 잠재력의 한계를 인정하고 하나의 시공간에만 머무를 수 있는 인간의 안타까운 특성을 받아들이는 게 해법이라면? 삶에 불가피

한 제약이 있음을 인식하고 그러한 제약을 바탕으로 관심사의 우선순위를 정해야 한다면 어떻게 해야 할까?"

삶에 불평을 늘어놓는 사람이 있다. 일이 너무 힘들다, 시간이 없다, 틀에 박힌 삶에 갇혀 있다, 삶에 발전이 없는 것 같다, 사생활이 없다, 삶을 바꾸기 위해 무엇을 해야 할지 모르겠다, 등등. 일반적으로 이런 사람들에게는 심각한 문제가 있다.

인생에서 중요한 것이 무엇인지 모른다는 점이다.

당신은 자신의 삶에서 가장 먼저 고려해야 할 것이 무엇인지 알고 있는가? 인생에서 가장 중요한 목표는 무엇인가? 많은 희생을 기꺼이 감수하고 얻고자 하는 목표 말이다. 이 질문에 틀린 대답은 없다. 당신의 가장 중요한 목표가 무엇인지 찾고 거기에 시간과 에너지를 집중시켜 보자.

당신에게 가정과 사회생활이 똑같이 중요한가? 걱정하지 마라. 둘 다 얻을 수 있다. 물론 한 번에 모든 것을 가질 수는 없다. 하지만 우리는 언제나 무언가 하나는 가질 수 있다. 엘 에리언의 경우를 생각해 보자. 그는 자신의 성공을 위해 모든 것을 희생하며 경력을 쌓는 데 초점을 맞췄다. 집요하게 성공을 위해 달렸고 마침내 성공했다. 그

다음 그는 다른 것을 얻기 위해 직장을 포기했다. 일단 돈을 벌었기 때문에 재정적 문제를 염려하지 않고 딸의 인생에 온전히 함께할 수 있었다.

먼저 베풀어 보자. 그러면 더 많이 받기 시작할 것이다. 호혜성의 원칙을 기억하자.

어느 날 나는 돈이 가득 들어 있는 지갑을 발견했다. 그 순간 내 안의 악마가 나타나 내 왼쪽 어깨에 앉아 속삭였다. '돈을 갖고 도망가! 그러면 몇 주 동안 설거지를 안 해도 되잖아!'

"그래, 네 말이 맞아. 설거지라면 정말 지긋지긋해. 이 돈만 있으면 시간도 많이 아낄 수 있고, 남이 먹던 음식이 아니라 훨씬 좋은 음식을 먹을 수 있어."

하지만 또 다른 목소리가 내 오른쪽 어깨에서 더 큰 소리로 말했다. '이 낡은 지갑을 좀 봐. 누군가 그 돈을 벌려고 힘들게 일했을 거야. 어떻게 그 돈을 갖겠다는 거야? 어쨌든 너는 음식을 먹을 수 있잖아. 네가 돈을 갖는다면 그 돈의 주인은 아무것도 먹지 못할 수도 있어.' 착한 목소리를 저주하면서 나는 지갑 안에 있는 신분증을 확인해 보기로 했다. 스무 살 정도 먹은 어느 철없는 애가 점심값이나 잃어버린 거였길 바랐다. 하지만 중년 남성의 지갑이었다. 우리 기숙사 체육관에서 수업을 하는 사람이었다.

체육관으로 가 보니 그 남자는 아직 그곳에 있었다. 그에게 다가가 지갑을 건넸다. 그는 자신의 돈을 돌려주는 나를 매우 놀라운 눈으로 쳐다봤다. 마침 수업이 끝나서 우리는 이런저런 이야기를 시작했다. 알고 보니 그는 합기도 3단의 대가大家였다. 내게 합기도 철학에 대한 이야기를 해 주었는데 꽤 흥미진진했다. 내 눈빛에 담긴 호기심을 알아채고 뜻밖에도 그는 자신의 수업에 들어와 보라고 제안했다.

순간 나는 잘못 들었다고 생각했다. 어딘가에 소속된다는 것은 초대받는 것 이상의 의미가 있었다. 그때까지도 나는 낯선 도시에서 이방인처럼 살고 있었기 때문에 그의 제안이 솔깃했다. 하지만 합기도를 배우려면 시간이나 에너지, 돈 등 온갖 기회비용을 지불해야 했는데 내게는 수업료를 낼 돈이 없었다. 그래서 그 제안을 정중하게 사양했다. 그는 잠시 골똘히 생각하더니 지갑에 들어 있던 돈으로 연간 회원권을 사 주겠다고 했다. 그의 제안을 거절한 이유가 돈 때문이었다면 이제 돈 걱정을 할 필요가 없어진 것이다.

그날 나는 중요한 교훈을 배웠다. 주면 되돌려 받게 된다는 사실이다. 당신이 세상에 좋은 것들을 주면 좋은 것들을 받는다. 당신이 베푼 친절을 즉시 보답받지 못할 수도 있다. 어쩌면 보답을 엉뚱한 사람에게서 받을 수도 있다. 어쨌든 결국에는 당신이 마땅히 받아야 할 것을 받게 된다. 우리의 결정에는 늘 기회비용도 따라다니게 마련이다. 이기적이고, 화를 내고, 불쾌한 방식으로 행동하기로 결정하면 친절과 사랑, 선함을 희생물로 바치는 것이나 마찬가지다.

당신은 이 세상에서 어떤 사람이 되고 싶은가? 잘 생각해 보고 그에 맞는 사람이 되도록 행동하자.

가치관을 명확하게 확립한다면 포모FOMO 때문에 마음이 어지러워지지 않을 것이다. 또한 기회비용을 생각하며 심하게 흔들리지도 않게 된다. 다시 한번 생각해 보자. 당신의 가치관과 우선순위는 무엇인가?

어른초년생이 기억해 두면 좋을 포인트

- 인생의 모든 것은 거래다. 기브&테이크!

- 원하는 것을 모두 가질 수 있다. 하지만 한꺼번에 모든 걸 가질 수는 없다.

- 받고 싶으면 먼저 베풀어라. 받았으면 더 많이 주어라. 그러면 기대했던 것보다 더 많이 되돌려 받게 될 것이다.

- 많은 정보를 얻어 무엇을 선택할지 명확하게 결정하자. 그리고 선택하지 않아 놓치는 것이 있을까 봐 너무 부담 갖지 말자.

자유에는 책임이 따른다

우리는 자유의 시대에 살고 있다. 말의 자유와 자기표현의 자유를 누린다. 와이파이도 자유롭게 이용한다. 나는 자유 속에서 태어났다. 당신도 그럴 것이다. 궁극적으로 우리는 조상의 희생과 피로 얻은 수많은 혜택의 수혜자다.

오늘날 사람들은 모든 것을 매우 쉽게 얻을 수 있다. 어떤 것을 얻기 위해 무언가를 희생하는 일이 별로 없기 때문에 그게 얼마나 큰 특혜인지 생각조차 못 하고 당연하게 여기는 경향이 있다. 무언가 얻기 위해 아무런 노력도 안 했으면서 누릴 자격이 있다고 생각한다. 하지만 쉽게 얻는 기쁨은 현실적으로 두 가지 주요한 문제에 직면한다.

하나는 사람들이 모든 것을 당연하게 여기고 끊임없이 더 많은 것을 갈망한다는 점이다.

비행기에서 무료 와이파이를 연결하는 실험을 했다. 그런데 누군가 장치를 잘못 건드려 15분 후에 인터넷이 끊겼다. 그러자 탑승객들은 다시 인터넷을 연결해 달라고 소란을 피우며 요구하였다. 비행기에서 와이파이를 이용하는 것은 흔한 일이 아니다. 그리고 비행기에서 공짜로 인터넷을 쓴 일은 거의, 아니 전혀 없었다. 하지만 탑승객들은 단지 15분만 와이파이를 사용했을 뿐인데 그 편리함에 금방 익숙해졌다. 그들은 무료 와이파이를 '뉴 노멀new normal'로 받아들였다. 전에는 비행기에서 인터넷을 사용한 적이 없으면서도 자신들이 와이파이를 요구할 자격이 된다고 생각했다.

이런 경향을 알아채고 자신의 마음을 가라앉히지 않으면 해로울 수 있다. 그 때문에 정신이 불안해지고 회복력이 떨어질 수 있기 때문이다. 좋은 것을 누구나 쉽게 누릴 수 있는 것은 아니다. 그럼에도 불구하고 가장 좋은 것을 삶의 기준으로 삼는다면 우리는 비현실적인 기대를 하며 불필요한 고통으로 가득한 삶을 살게 된다.

다른 하나는 사람들이 자신의 권리를 주장한다는 점이다.

자신의 자산과 믿음 그리고 스스로 노력해 얻은 것에 대한 권리는 자기 자신에게 있다. 하지만 자신의 것도, 자신이 노력해서 얻은 것도 아닌 것에 권리가 있다고 생각하면 문제가 생긴다. 사람들이 법적 또는 도덕적 권리가 없으면서도 자신의 권리를 주장하는 게 문제라는 것이다. 또는 누구나 공원을 이용할 권리를 갖는 것처럼 어떤 것에 합법적인 권리를 갖더라도 그것에 감사하지 않고 당연하게 여기는 태도 또한 문제다.

인간관계에서도 자신의 권리를 주장하는 사람이 있다. 자신은 상대를 함부로 대하면서도 계속 사랑받을 권리가 있다고 생각하는 사람, 배우자의 돈이나 시간에 제 권리가 있다고 생각하는 사람……. 그러면 문제가 정말 골치 아파진다. 그렇게 자신의 권리만 주장하는 사람은 책임감이 거의 없다.

'세상은 당신을 책임지지 않는다. 책임은 자신이 져야 한다.'

일찍이 나는 자신의 권리를 주장하겠다는 게 얼마나 공허한 생각이며 쓸모없는 일인지 경험했다. 또한 내 삶에 책임감을 갖는 게 얼마나 중요한지도 깨달았다. 책임감의 중요성을 처음 알게 된 때는 고향을 떠나온 직후였다. 어렸던 나는 어떻게 해야 타국에서 삶을 잘 헤쳐 나갈 수 있는지 아무것도 몰랐다. 돈 관리는 물론 국가 기관이나 그 나라의 제도에 대해서도 아는 게 전혀 없었다. 문제는 거기서 끝나지 않았다. 누구도 열네 살인 나를 진지하게 상대하지 않았다. 공무원들은 나를 보며 "얘야, 부모님을 모시고 오렴."이라는 말만 했다.

어느 날 학교에서 내게 헝가리 영주권을 발급하기 위한 서류가 필요하다는 통지문을 보냈다. '이봐요, 1년 전까지만 해도 나는 바비 인형을 갖고 놀았어요! 영주권이 뭐예요? 뭐냐고요?' 통지문을 받자마자 이런 생각만 들었다. 하지만 이 문제가 저절로 해결될 리는 없었다. 그래서 매점 아주머니에게 가서 어떻게 해야 하는지 물어보았다. 아주머니는 이민국에 가서 자료를 요청하라고 알려 줬다.

이민국에 가서 자료를 요청했지만 영주권과 관련된 서류를 발급해 줄 수 없다는 답변이 돌아왔다. 내가 법적 절

차에 맞게 입학하고 기숙사에 머무른다는 사실을 학교가 확인해 줘야만 서류를 줄 수 있다고 했다. 하지만 또 학교는 내가 영주권 서류를 받아 와야 그런 사항을 확인해 준다고 했다.

나는 탁상행정의 덫에 빠지고 말았다. 내가 어떻게 해야 하는지 공무원들도 몰랐다. 그들은 나를 다른 부서에 보내며 거기서 알아서 처리하기를 바랄 뿐이었다. 학교도 어떻게 처리해야 할지 모르기는 마찬가지였다. 수업을 듣지 못하게 하고, 기숙사도 사용하지 못하게 하겠다고 협박만 할 줄 알았다. 아버지에게 전화를 걸었지만 아버지 역시 아는 바가 없었고 돈이 없어서 헝가리로 와 나를 도울 형편도 아니었다.

내가 왜 이렇게 부당한 대우를 받아야 하는 걸까. 부모님은 멀리 계시고, 내 문제에 관심을 가져 줄 사람은 없었다. 거리로 나앉게 되면 어쩌나, 힘들게 받은 장학금을 놓치게 되면 어쩌란 말인가. 누구도 내 일에 관심이 없는 듯 보였다. 나를 도울 능력이 있는 사람은 아무 데도 없는 것 같았다. 도대체 뭐가 문제지? 관료주의적인 구조 때문에 공무원들은 너무 나태해져 있었다. 그들이 외국인인 데다 어리기까지 한 민원인에게 질 좋은 서비스를 해 줄 거라는 기대는 접어야 했다. 어린 나는 울음을 터뜨리는 것 말고는 달리 할 수 있는 게 없었다. 스트레스를 받아 부모님께 전화해 어떻게 좀 해 보라며 닦달했다. 그리고 울음의 강도는 더욱 커졌다. 계속 이런 식으로 문제를 해결하려 하자 나는 지쳐 갔다.

내 삶에서 생긴 문제는 내가 직접 나서서 해결해야 했다. 책임감 있게 행동해야 했다. 그 누구도 나를 대신해 문제를 해결해 주지 않는다. 그들이 왜 그렇게 하겠는가? 내 문제지 그들의 문제가 아니지 않는가. 나이가 어리다고? 물론 그렇다. 그게 어쨌다는 것인가? 공무원 얼굴에다 대고 악을 써 봤자 아무 문제도 해결되지 않는다. '부모님을 모셔 오라'는 답변만 돌아올 뿐이다. 하지만 부모님은 올 수 없다. 부모님의 능력 밖의 일이다. 내 부모님은 돈도 없고 헝가리의 법이 어떻게 돌아가는지도 모른다. 번쩍거리는 갑옷을 입은 기사가 사악한 제도에서 나를 구출하러 오는 것처럼 아버지가 나타나리라는 기대도 할 수 없었다. 내게 있는 거라고는 나 자신밖에 없었다. 그리고 한 가지 더, 이곳에 더 머무르고 싶다는 소망이 있었다.

나는 문제를 해결하기 위한 지식이 부족했다. 지식이 부족하면 어떻게 해야 할까. 그렇다. 배워야 한다.

그게 바로 내가 한 일이다. 날마다 수업이 끝나면 학교 컴퓨터실로 달려가 문제를 해결하기 위한 방법을 찾으려고 한참 동안 검색했다. 쉬운 일이 아니었다. 법적 문서와 이민법, 각종 예외 규정들……. 이봐! 내가 왜 이런 일을 해야 하는 거야? 도대체 왜? 세상에 대고 고함을 질러 봤자 역시 답이 없었다.

나는 절박한 심정으로 홀로 서 있었다. 나이가 몇이나 됐든 이런 상황은 누구에게나 가혹하고 고통스러운 현실이다. 하지만 그런 현실을 빨리 받아들일수록 삶을 헤쳐 나가는 일은 더 수월해진다.

며칠 동안 조사를 하다가 나는 외국인 학생들에 대한 예외적 대우와 '임시 거주권'이라는 개념을 다룬 기사를 발견했다. 그 끝내주는 기사를 출력해서 이민국으로 당당하게 들어갔다. 이제 지식으로 무장했으니 단호하고 확신에 찬 듯 포커페이스를 하고 공무원 앞에 섰다. 나는 더 이상 질문을 하지 않았다. 임시 거주권을 받기 위해 학교에 낼 서류를 발급해 달라는 한마디만 했다. 교육 목적으로 헝가리에 체류하는 외국인이 학교 주소로 임시 거주권을 받을 수 있는 서류가 필요하다고 했다.

마치 내가 전과는 다른 언어로 말을 한 것처럼 공무원은 신속하게 내게 필요한 서류를 주었다. 그리고 나는 그 서류를 학교에 제출했다. 학교에서는 서류에 필요한 사항을 기입해 주었고 나는 그것을 다시 이민국으로 가져갔다. 이민국에서는 조그만 거주권 카드를 내게 발급해 주었다. 나는 공식적으로 임시 거주자가 됐다.

돌이켜 생각해 보면 해법은 믿을 수 없을 정도로 간단했다. 그 방법을 이민국 공무원은 알고 있어야 했다. 어쩌면 그들은 이미 알고 있었을지 모른다. 아니면 5분 정도만 할애하면 알 수 있는 내용이었다. 하지만 사람들은 자신에게 투자할 시간이 단 5분도 없다. 그렇기에 당신을 돕기 위해 시간을 내지 못한다.

물론 사람들이 도움을 줄 수도 있다. 하지만 우리는 남들의 선의에 의지해 살아가서는 안 된다. 스스로 통제력을 갖지 못하면 결과에 늘 스트레스를 받게 된다. 또한 남들의 기분과 지식, 도우려는 의지에 얽매일 수밖에 없다.

"자유는 공짜가 아니다."라는 격언이 있다. 이 말은 국가의 가치관을 위해 싸우는 전쟁을 옹호하기 위해 사용됐지만 일상의 자유와도 관련이 있다. 일상생활에서 선택과 안정의 자유를 누리려면 무언가를 희생해야 한다. 이 희생은 스스로 해법을 찾아 가는 시간의 형태일 수도 있다. 또한 자기 자신과 자신에게 벌어지는 일에 대한 책임감을 받아들이는 것도 희생의 한 형태다.

난관에 부딪칠 때, 세상이 자신을 구해 주리라는 기대를 하는 것이 아니라 스스로 책임감을 갖고 신속하게 극복하려면 어떻게 해야 할까? 이제 남에게 의지하지 않고 문제에 적절하게 대처할 준비를 해 보자. 다음의 다섯 가지 질문을 스스로에게 던져 보자.

1. 난관이 무엇인가?
2. 그것이 왜 난관인가?
3. 그 난관에 대해 내가 알고 있는 것은 무엇인가? 해결하기 위해 무엇을 배워야 하는가?
4. 난관에 대해 내가 알고 있는 것도 없고 해결책도 찾을 수 없을 때 생길 최악의 상황은 무엇인가?
5. 최악의 상황을 피하기 위해 무엇을 할 수 있는가?

이러한 질문에 답을 찾고, 그다음 행동을 해 보자. 한 걸음 한 걸음씩 당신은 해결책에 도달할 것이다.

남에게 의지하지 말라고 한 것은 사람들이 당신을 절대 도우려 하지 않기 때문이 아니다. 흔히 주변 사람들은 도움을 주려고 한다. 그리고 보답으로 무언가를 기대한다. 하지만 최대한 마음의 평화를 누리려면 스스로 삶을 통제한다는 느낌이 필요하다. 이를 위해서는 자신의 문제를 이해하고 그것을 직접 해결할 수 있다는 확신이 필요하다. 설령 다른 사람에게 의지해 해결책을 찾는 경우라도 그 일을 자신이 직접 해결할 수 있어야 한다.

예를 들어 사업을 운영하면서 회계 업무를 회계 법인에 맡겼다고 해 보자. 평판이 좋은 회계 법인이라 그 업체를 선택했을 것이다. 하지만 그 회사에 일을 맡겨 업무를 처리하다 보면 회계와 세금, 관리 등 경영에 필요한 것들을 배울 수 없다. 서류 작업을 하는 데 시간을 들이고 싶지는 않겠지만 회계 법인이 처리하는 일을 자신이 다시 확인할 수 있는 능력이 있어야 마음의 평화를 얻는다.

어른초년생이 기억해 두면 좋을 포인트

- 당신을 책임지는 사람은 없다. 그러니 스스로 자신을 책임져야 한다.

- 사람들은 자신에게 투자할 시간이 단 5분도 없다. 그렇기에 당신을 돕기 위해 시간을 내지 못한다.

- 모든 문제를 혼자 해결할 필요는 없다. 다른 사람에게 도움을 받아도 된다. 하지만 필요하다면 언제든 그 문제를 스스로 해결 능력이 있어야 한다. 그렇다면 도움을 받아도 마음이 평화롭다.

절대적인 옳고 그름은 없다

　어렸을 때 나는 당근을 먹으면 휘파람을 잘 불게 된다는 할머니의 말을 믿었다. 그렇게 되면 내가 사랑하는 비둘기를 잘 모을 수 있게 된다. 또한 시금치를 먹으면 더 건강해진다는 걸 알았지만 뽀빠이처럼 팔뚝이 울퉁불퉁하게 될까 봐 시금치를 먹지 않았다.

　고향을 떠날 때는 정말 외롭고 무서웠지만 괜찮다고 모두에게 말했다. 사람들의 관심과 사랑을 받지 못해도 그것을 돈으로 해결할 수 있다고 믿었던 터라 새로운 환경에 어울리는 옷을 구입했다. 또한 열다섯 살이 된 나는 다른 사람에게 잘해 줘 봤자 소용없고 차라리 관심을 보이지 않는 게 남들의 존중을 받는 방법이라고 생각했다.

처음으로 남자를 사귀었을 때 나는 우리가 영원히 함께할 거라고 생각했다. 숲속에 작은 오두막집을 마련해 고양이 여러 마리를 키우며 함께 있으면 그 자체로 행복할 것 같았다. 하지만 우리는 헤어졌다. 나는 그토록 사랑하는 사람을 다시는 만나지 못하리라 믿었다. 그리고 누구도 그 남자만큼 나를 사랑해 줄 사람은 없을 거라고 생각했다. 그러다 나는 다른 남자를 사귀게 됐다. 그는 전 남자보다 나를 훨씬 더 사랑했다.

'내 믿음은 계속 틀렸다. 당근이며, 사랑이며, 모조리.'

5년이 지나고 지금 내가 했던 생각을 되돌아보면 틀렸다고 느낄지 모른다. 그러길 바란다. 5년 후에는 내가 지식이 더 많아지고 현명해지길 바란다는 뜻이다.

나는 절대적인 옳고 그름은 없다고 생각한다. 자신의 가치관에 따라 옳다고 느끼는 것도 있고 잘못됐다고 느끼는 것도 있다. 몇몇 사람은 다른 사람에게 피해를 끼치는 부정적인 가치관을 옳다고 믿기도 하지만 그러한 것만 제외하면 우리는 '옳음'과 '그름'은 주로 주관적이라는 데

동의한다.

각자의 다양한 경험과 가치관을 토대로 사람들은 똑같은 질문에 각기 다른 대답을 한다. 다른 사람의 자유를 침해하지 않는 한 어떤 답이 다른 답보다 본질적으로 더 낫다거나 더 나쁘다고 판단할 수 없다. 자신이 내놓은 답 역시 10년 전의 생각과 다를 수 있다.

인간에게는 생각하는 능력이라는 탁월한 강점이 있다. 그런데 이 생각은 반복되는 경향이 있다. 즉 우리는 자신의 생각과 감정을 반복해서 꺼내 올 수 있다. 이 반복해서 생각하는 능력을 마음의 평온함을 유지하는 데 쓴다면 더할 나위 없이 좋을 것이다.

물론 이 능력을 발휘하지 말아야 할 때도 있다. 현재 직면한 다양한 문제를 해결해야 할 때가 그렇다. 이런 경우에는 과거의 생각을 반복하기보다 각각의 문제를 독립된 상황으로 분석하고 합리적인 해법을 적용해야 한다. 그런데 의식적으로 노력하지 않으면 그렇게 할 수 없다. 어떤 문제에 부딪쳐 갈피를 못 잡고 있을 때 흔히 우리의 뇌는 감정적인 기억을 찾기 시작해 결국에는 과거에 비슷한 상황에서 썼던 방법을 찾아낸다. 그렇게 되면 문제가 더 꼬이

기도 한다. 각각의 상황은 다르고 그 상황에 맞는 해법이 필요한데 과거의 기억을 다시 꺼내 와 해결책을 찾으려고 하기 때문이다.

예를 들어 애인이 다른 사람을 만난다는 사실을 알게 되었다고 해 보자. 당신은 숨어서 전화를 하는 애인을 보고 눈치를 챘다. 이런 트라우마를 겪으면 그다음부터는 애인이 문자를 보내는 것만 봐도 신경이 예민해진다. 그 사람과 헤어지고 새로운 사람을 만났을 때도 마찬가지 상황이 벌어진다. 자신의 생각에 세심하게 주의를 기울이지 않는다면 당신의 뇌는 자동 조정 장치 모드에 따라 그 위협적인 상황을 해결하기 위해 긴급 부대를 파견해 날카로운 감정을 휘두르게 할 것이다. 그러면 상대는 자신을 믿지 않는 당신을 불쾌하게 생각하고 결국 싸움으로 이어질 것이다. 상황은 다 다르다. 그런데 똑같은 방법으로 해결하려고 하면 오히려 문제만 더 많이 생긴다.

우리의 뇌가 지닌 문제는 감정적 기억을 꺼내 오는 것만이 아니다. 뇌는 매우 변덕스러운 기관이다. 실제로 존재하지 않는 것을 보고 들었다고 믿게 하는 능력도 갖췄다. 그렇게 해서 우리의 기억을 다시 쓰기까지 한다. 그러한 사례를 보여 주는 실험이 있었다. 어떤 연구에서 연구자는 실험 참가자에게 휴일의 디즈니랜드 사진을 슬라이드 쇼로 보여 줬다. 거기에는 벅스 버니가 아이들에게 손을 흔들고 있는 사진도 있었다. 실험이 끝난 후 일부 참가자들은 자신이 디즈니랜드에 갔을 때 벅스 버니가 손을 흔들고 있던 모습을 또렷하게 기억했다. 벅스 버니는 워너 브라더스의 캐릭터인데도 말이다. 벅스 버니가 디즈니랜드에 있을 리가 있겠는가.

자신의 마음을 주기적으로 살펴봐야 한다는 사실을 빠르게 받아들일수록 더 나은 결정을 할 수 있다. 그리고 더 나은 결정을 할수록 삶의 질은 향상될 것이다.

가끔은 자신의 믿음 중 가장 확고한 믿음까지 하나하나 점검해 봐야 한다. 뇌는 날마다 새로운 것을 경험하고, 배우고, 발전하기 때문이다. 현미경으로 관찰하듯 자신의 믿음을 자세히 검토하면 시대에 뒤떨어진 믿음을 갖고 살아간다는 것을 발견할 수도 있다. 뿌리 깊은 믿음을 의심하고 점검하는 일은 불편하다. 하지만 그 믿음들이 더 이상 유효하지 않음을 알게 된다면 삶은 한층 더 나은 방향으로 발전한다.

내가 만난 한 내담자의 이야기를 소개한다. 그는 과체중이었는데 지금은 몸무게를 많이 감량해 적당히 근육이 있는 몸이 되었다. 그런데도 여전히 자신이 뚱뚱하다는 믿음에서 벗어나지 못했다. 오래전부터 그는 여성들 앞에만 서면 수줍음을 타고 부끄러워했다. 지금도 여성들이 자신에게 말을 거는 걸 당황스러워했고 심지어 왜 자신에게 접근하는지 그 의도를 의심하기까지 했다. 그 내담자가 자신의 새로운 몸에 맞게 '믿음의 군살도 빼는 일'은 시간이 좀 더 걸렸다.

낡고 더 이상 쓸모없어진 믿음을 점검하면 불안과도 맞서 싸울 수 있다. 내담자는 불안을 느끼며 여성을 피하지 않고 스스로에게 이렇게 말했다.

"어떤 일이 생길지 한번 데이트를 해 볼까?"

그러고는 서서히 불안을 유발하는 믿음을 버릴 수 있었다.

어른초년생이 기억해 두면 좋을 포인트

- 낡고, 부정적이고, 쓸모없어진 믿음을 점검해 보자. 그런 믿음을 누가, 언제, 어떻게 심어 줬는지 알아내는 데 초점을 맞춰야 한다. 그 믿음이 타당한지 확인하고 그것과 관련해 다른 관점을 지닌 사람에게 조언을 구해 스스로 믿음을 바꿔 나가자.

2장

•

타인의 시선을
지나치게 의식해서 힘든 건 아닐까?

저 사람은 무슨 생각을 하는 걸까?

자신의 생각뿐 아니라 다른 사람의 생각까지 더 잘 파악하는 데 도움이 되는 기술이 있다. 이 기술은 준언어적 영역에 속하는 비언어적 의사소통이자 보디랭귀지다.

1972년에 앨버트 메라비언은 이와 관련된 연구를 했다. 메라비언은 자료를 분석해 우리가 메시지를 이해하는 데는 언어가 7퍼센트, 청각이 38퍼센트, 시각이 55퍼센트의 영향을 미친다는 결론을 내렸다. 즉 사람이 의사소통을 할 때 주고받는 의미는 93퍼센트가 준언어적 영역에 속하는 비언어적 의사소통과 보디랭귀지를 통해 전달되며

단 7퍼센트만 언어적 표현을 통해 이해된다는 것이다. 하지만 메라비언의 연구는 몇십 년 동안 비판의 대상이었다.

1987년 트림볼리Trimboli와 워커Walker는 메라비언이 제시한 수치가 '요구특성 효과' 때문에 나온 것이 아니냐는 의문을 제기했다. 심리학에서 말하는 요구특성 효과는 실험 참가자가 실험자의 의도에 맞게 반응하도록 실험자가 실험 참가자에게 영향을 미치는 경향을 말한다. 일반적으로 사람들은 호감을 얻기를 원하고 상대를 기쁘게 하고 싶어 한다. 그래서 실험 참가자들이 실험자가 원하는 반응을 알게 되면 그대로 반응하려고 최선을 다하는 경우가 많다.

하지만 메라비언이 제시한 수치가 얼마나 정확한지와 상관없이 보디랭귀지를 이해하면 엄청난 유익이 있다. 보디랭귀지를 통해 다른 사람들의 생각과 감정을 더 잘 알게 되는 것이다. 또한 자기 자신도 더 잘 이해할 수 있다. 보디랭귀지는 뇌가 감추려고 하는 진실한 감정을 드러낸다.

높은 곳이 무섭지 않다며 거짓말을 한다고 해 보자. 스스로 주문도 걸면서 주변 사람들에게 멋지게 보이려고 "이까짓 거 아무것도 아니야."라고 말해 보지만 다리는 덜덜 떨리기 시작할 것이다. 그러면 자신도 모르게 무언가를 꼭 붙잡고 두 눈을 질끈 감으며 몸을 움츠리게 된다. 그렇게 보디랭귀지는 무섭지 않다는 말이 사실이 아님을 분명하게 드러낸다.

상대에게 혼란스러운 신호를 보내는 사람은 신뢰를 잃을 수 있다. 이는 상대가 의식적으로든 무의식적으로든 그 사람의 말과 행동의 불일치를 알게 되는 것과는 별개의 일이다. 당신이 누군가를 오랜만에 만났다고 해 보자. 그 사람이 환하게 웃으며 당신을 환영하지만 팔짱을 낀 채 몸을 출구 쪽으로 돌리고 있다면 당신은 그 사람이 당신을 반가워하지 않는다는 메시지를 읽을 수 있지 않겠는가.

말과 생각이 의식적인 사고를 전달한다면 보디랭귀지는 무의식적인 생각을 드러낸다. 무의식적인 생각이 옳다는 뜻은 아니다. 보디랭귀지는 순전히 감정이 촉발하는 자동 반응 시스템이며 이는 과거에 했던 경험을 통해 좌우된다. 잠재의식은 본능이 머무르는 곳이며, 옳든 그르든 진실한 감정을 더욱 정확하게 반영한다. 그래서 누군가의 생각을 알고 싶다면 그 사람의 보디랭귀지에 더욱 주의를 기울이면 된다. 또한 특정 상황에서 자신이 어떤 감정을 느끼는지 정확하게 모를 때 자신의 보디랭귀지를 살펴보면 진짜 감정을 알아낼 수 있다.

사람들이 언제나 자신의 진실한 생각과 감정을 말하는 것은 아니다. 따라서 누군가의 깊숙한 속마음을 알고 싶다면 그 사람의 말 이면에 있는 것을 찾아내야 한다. 이 책이 보디랭귀지를 설명하는 책은 아니기 때문에 나는 보디랭귀지를 감지할 수 있는 주요 경고 신호만 언급할 것이다.

감정적 징후는 쉽게 감지된다. 어떤 사람이 울고 있다면 아마도 그 사람은 슬프거나 속상한 상태일 것이다. 아니면 괴로운 감정에 빠져 있을 수 있다. 하지만 웃으면서 눈물을 흘리는 경우도 있는데 이때는 기쁨의 표현일 수 있다. 어떤 사람은 눈물을 이용해 동정심을 얻으려고도 한다. 이때의 눈물은 기만적이다. 따라서 보다 정확하게 판단하려면 언제나 맥락을 검토해야 한다.

분노와 불안, 조급함 같은 감정은 얼굴 표정과 보디랭귀지를 통해 표출된다. 얼굴 표정으로 감정을 알아채기가 가장 쉽다. 그다음으로 보디랭귀지와 자세로 감정을 파악할 수 있다. 어떤 사람이 팔짱을 끼고 발을 덜덜 떨고 있다면 조급한 것일 수 있다. 하지만 팔짱을 낀 채 고개를 숙이고 이상하게 왔다 갔다 하면 아마도 불안하거나 당황한 상태일 가능성이 크다.

가짜 웃음은 어떻게 알아볼 수 있을까? 마음에서 우러나온 진실한 웃음의 첫 번째 신호는 눈에 있다. 정말로 기분이 좋아서 웃으면 입꼬리가 양옆으로 올라가고 눈 주변에 잔주름이 나타난다. 사진을 찍을 때 '치즈'라고 말하면 광대뼈의 근육이 위로 끌어 올려지면서 이가 보이기 때문에 웃는 듯 보인다. 하지만 가짜 웃음이다. 동물들 역시 이빨을 보이는 게 행복하다는 의미는 아니다. 원숭이가 이빨을 드러낼 때 입 모양을 보면 무서워서 그러는지 기뻐서 그러는지 알 수 있다. 또 공격하려고 할 때 이빨을 드러내는 모습도 다르다. 원숭이 역시 눈을 통해 그 세 가지 감정을 구별할 수 있다. 인간과 마찬가지다. 눈이 웃지 않으면 그 웃음은 진실하지 않다. 영화 '다크 나이트'에 등장하는 조커를 생각해 보자. 웃으면서 사람들을 죽이던 모습을.

눈은 정말 숨길 수가 없다. 눈은 비언어적 의사소통의 수단이며, 그렇게 눈이 전달하는 메시지를 묘사하는 언어적 표현들이 많다. '눈 밖에 나다', '눈엣가시다', '눈길을 끌다', '눈을 똑바로 쳐다보다' 등의 표현이 눈에 담긴 감정을 보여 준다. 눈이 영혼의 거울이라는 말도 있다. 그래서 상대를 세심하게 관찰하면 그 사람이 아무 말 하지 않아도 눈에서 많은 정보를 읽을 수 있다.

눈은 조종술로 사용되기도 한다. 여성은 남성을 설득하기 위해 눈을 위로 치켜뜨는 방법을 사용하는 경우가 있다.

흔히 거짓말을 하는 사람은 상대와 눈을 잘 마주치려고 하지 않는다는 오해를 하곤 한다. 바로 이런 오해 때문에 대개 거짓말하는 사람들은 의도적으로 상대에게서 시선을 떼지 않고 말한다. 하지만 시선을 마주치는지 여부보다는 입을 씰룩거린다든가 귀를 긁거나 느닷없이 팔이나 다리가 발작하듯 움직인다면 거짓말을 하는지 알 수 있다.

누군가의 보디랭귀지를 보고 최종적인 판단을 내려야 한다면 그 전에 항상 문화적 차이를 고려해야 한다. 어디서나 보편적으로 통하는 신호도 있지만 어떤 신호는 심각한 오해를 불러올 수 있다. 외국 여행을 계획하고 있다면 방문할 나라의 칭찬이나 모욕을 표현하는 비언어적 신호를 조사해 봐야 한다. 예를 들어 페이스북의 대표적인 기능인 '좋아요' 표시(엄지손가락을 추켜올리는 이미지)가 서구 사회에서는 '좋다', '멋지다', '최고'라는 의미나 히치하이킹 신호로 통한다. 하지만 그리스에서는, 특히 엄지손가락이 세워졌다가 아래로 향하는 경우 '지옥에나 떨어져라.'라는 의미를 지닌다. 일본에서는 '다섯'이나 '남자'를 말할 때 엄지손가락을 추켜올린다.

상대의 몸짓을 보고 감정까지 파악하는 기술

먼저 제작이 잘된 옛날 무성 영화 한 편을 골라 보자. 그리고 배우들의 연기와 몸짓에 나타나는 감정을 토대로 그들이 다음에는 무슨 행동을 할지 예측해 보자. 보디랭귀지를 관찰하는 방법을 처음 배우는 사람에게 무성 영화는 탁월한 도구다. 음성 녹음을 할 수 없던 시절에 제작된 무성 영화에서는 배우들이 모든 운동 감각을 동원해 감정을 최대한 표현한다. 그렇기에 다음 행동을 쉽게 예측할 수 있다.

무성 영화를 보면서 배우가 그다음에 할 행동 열 가지 중 여덟 가지를 맞출 수 있다면 다음 단계로 넘어가자. 소리를 끄고 일반 영화를 보는 것이다. 이 단계에서는 배우의 다음 행동을 예측하기가 훨씬 더 어려워진다. 일반적으로 그런 영화에서는 배우들의 말과 특수 효과를 통해서 다음 행동을 예측할 수 있기 때문이다. 소리를 끈 일반 영화를 보고 열 가지 행동 중 여덟 가지를 예측할 수 있다면 이제 주변 사람들의 보디랭귀지를 읽어 보자.

신체의 전반적인 모습도 함께 고려해야 한다. 한두 가지 신호만 보고 성급하게 결론 내리지 말아야 한다. 무엇보다 예측을 곧이곧대로 받아들여서는 안 된다. 보디랭귀지를 읽는 것은 상대를 이해하는 추가적인 방법일 뿐이다. 상대의 감정을 자신의 생각과 상대의 말만으로는 온전히 파악할 수 없기 때문에 그 사람의 감정을 더 잘 알기 위한 추가적인 수단으로 보디랭귀지에 대한 이해가 필요한 것이다.

자신의 보디랭귀지도 가끔 확인해 보고 그것을 자신의 의식적인 생각과 비교해 보면 좋다. 보디랭귀지와 의식이 조화를 이루는가? 여기서 잊지 말아야 하는 점이 있다. 보디랭귀지는 잠재의식의 여과되지 않은 감정을 표현한다는 것이다. 그러한 무의식적인 신호에 주의를 기울인다면 자기 자신에 대해 더 많은 것을 알 수 있다.

어른초년생이 기억해 두면 좋을 포인트

- 가장 일반적인 보디랭귀지 신호를 읽는 법을 연습해 보자. 그러면 다른 사람의 진정한 감정을 훨씬 더 명확하게 파악할 수 있다.

짜증 날 때
더욱 이성적으로

스트레스란 무엇인가? 스트레스는 어떤 까다로운 일이나 위협에 직면할 때 신체가 반응하는 방식이다. 위협을 느끼면 신경 시스템은 아드레날린과 코르티솔 같은 스트레스 호르몬을 방출한다. 그러면 우리의 몸은 위급 상황에 맞게 대응할 준비를 한다. 혈압이 올라가고, 심장 박동수가 증가하며, 근육이 긴장되고, 모든 감각이 예민해진다. 이런 생리적 변화로 힘이 세지고, 집중력이 커지고, 반응 속도가 빨라진다.

스트레스의 주요 원인은?

인생의 중대한 변화, 직장 문제, 경제적 어려움, 인간관계의 고충, 불가항력적인 상황 등이 일반적으로 외부적인 스트레스 요인이다.

스트레스에는 내부적인 요인도 있다. 부정적인 자기 이미지, 걱정, 완벽주의, 융통성 부족, 극단적인 사고방식 등이 그것이다.

스트레스의 수준에도 다양한 형태가 있다.

가려진 스트레스

어떤 일에 상관없는 척하려고 노력할 때, 자신은 스트레스를 받지 않는다고 다른 사람 또는 스스로에게 증명하려고 노력할 때 생기는 스트레스다. 이런 스트레스를 깨닫지 못할 수 있지만 스트레스는 스트레스다. 가려진 스트레스도 당신에게 영향을 미친다. '태연하게 구는 사람'이 받는 전형적인 스트레스가 바로 가려진 스트레스다. '사람들이 나를 좋아하지 않아도 전혀 상관없어. 나와 가까운 사람들은 나를 잘 이해해 주니까. 다른 사람의 의견 따위는 내게 중요하지 않아.'라고 생각하지만 그래도 스트레스를 받는다. 남이 잘 안되기를 비는 사람의 의견을 무시하는 것도 어느 정도는 필요하다. 하지만 대부분의 사람이 자신을 싫어할 때 정말로 마음 편하게 지낼 수 있는 사람은 아무도 없다. 상관없는 척하는 것은 편안한 가면을 쓰고 있는 것이나 마찬가지다. '사람들이 왜 나를 싫어하지?'라는 질문을 통해 자기 평가를 해야 하는 책임을 회피하려는 것이다.

좋은 스트레스

이런 종류의 스트레스는 실제로 도움이 된다. 이 스트레스는 몸과 마음이 도전에 맞설 준비를 할 때 생긴다. 모든 감각이 예민해지고 혈압이 최적의 수준으로 유지되어 잠재력을 최대한 발휘할 수 있다. 아드레날린 속에서 수영을 하는 셈이다.

이러한 신체 반응을 잘 관리하면 능력을 더욱 향상시킬 수 있다. 보통 경기나 인터뷰, 발표를 앞두고 최적의 수준으로 스트레스를 받게 된다. 하지만 살얼음판을 걷는 느낌일 수 있다. 그런 상황에서 통제력을 발휘하지 못하면 다음 단계, 즉 급성 스트레스 단계로 바로 넘어간다.

급성 스트레스

이런 스트레스는 정말 질색이다. 급성 스트레스를 받으면 머릿속은 하얗게 되고 팔다리에 힘이 빠진다. 또한 불안하고 비참한 기분이 든다. 인생 자체가 고통이 된다. 이 스트레스를 경험하면 스트레스에 대한 공포가 생길 수 있다. 그래서 공포를 피하기 위해 무슨 수를 써서라도 스트레스를 안 받으려고 노력한다. 하지만 스트레스를 피하려고 안달하면 자신에게 해가 될 수 있다. 삶에서 모든 스트레스를 제거하려고 노력하지 않는 게 해법이다. 어차피 불가능한 일 아닌가. 스트레스를 바라보는 우리의 자세를 바꿔야 한다.

급성 스트레스는 세 가지로 분류할 수 있다. 이 세 가지는 완전히 통제할 수 있는 스트레스와 부분적으로 통제할 수 있는 스트레스, 아예 통제할 수 없는 스트레스다.

스트레스의 원인 중에는 우리가 통제할 수 없는 것이 있다. 심각한 질병이나 가까운 사람의 죽음, 국가적 위기 같은 것은 우리가 막거나 바꿀 수 없다. 이때 할 수 있는 최선은 그런 상황을 받아들이는 것이다. 쉬운 일은 아니다. 하지만 스트레스를 극복하는 유일한 방법이다. 스트레스에 힘을 실어 주지 말아야 한다. 스트레스가 유발하는 고통에 몸을 내맡기자. 비통해하고 울부짖어도 된다. 몸에 있는 기운을 빼자. 통제할 수 없는 스트레스를 유발하는 문제는 우리 영향력의 원 밖에 있다. 그러니 우리가 바꿀 수 있는 유일한 것은 그런 스트레스를 대하는 우리의 자세다.

용서와 수용은 이러한 급성 스트레스가 유발하는 고통을 완화할 수 있다. 스트레스를 주는 문제를 일으킨 자기 자신 또는 다른 사람을 용서하면 그 상황에서 벗어날 수 있기 때문에 마음의 평화를 느낀다.

부분적으로 통제할 수 있는 스트레스 요인은 어느 정도 영향력의 원 안에 있는 문제들이다. 영향력의 원 안의 요소에 대해서는 우리가 어느 정도 통제력을 갖기 때문에 그 범위 안에서 자신의 태도를 바꿀 수 있다.

배우자를 바꿀 수 없는 경우를 생각해 보자. 그런 경우에도 배우자에 대한 자신의 태도를 바꾸기로 선택하는 건 가능하다. 상대를 있는 그대로 받아들이고 의식적으로 인내심을 가지려고 노력할 수 있다. 또한 날카로운 말을 덜 하고 더 많이 이해하려는 태도를 보일 수 있다. 부부 관계에서 자신의 방식을 바꾸는 것이다. 이런 변화는 상대의 행동에도 변화를 이끌어 낼 수 있다. 진정으로 수용하는 방법과 정말 되고 싶은 사람이 되는 방법을 배우자. 그러면 다른 사람이 어떻게 행동하든 상관없이 당신은 올바른 태도를 보이게 되고 기분이 더욱 좋아질 것이다.

스트레스 요인 중 뿌리 뽑을 수 있는 게 있다면 반드시 그렇게 해야 한다. 통제할 수 있는 스트레스 요인은 쉽게 해결할 수 있는 문제들이다. 직장에 지각을 하거나 마트에서 우유를 찾지 못하는 것과 같다. 우리에게 스트레스를 주려고 기다리는 사소한 짜증들은 헤아릴 수 없이 많다. 다행히도 그런 요인은 비교적 쉽게 제거할 수 있다. 우리의 태도만 바꾸면 된다.

스트레스는 실체가 있든 없든 신체적 또는 정신적 문제의 원인이 될 수 있기 때문에 심각하게 받아들여야 한다. 스트레스는 기억력 감소, 판단력 저하, 집중력 감소 등의 인지 문제를 유발할 수 있으며 끊임없는 걱정과 부정적인 세계관을 만들기도 한다. 또한 식이 장애와 수면 장애를 일으키거나 알코올이나 약물, 담배에 의지하게 하고 손톱 물어뜯는 습관을 만드는 등 일상생활에도 영향을 미친다. 심한 스트레스의 감정적 징후는 변덕스러움, 조급증, 압박감, 불안증, 우울감 등으로 나타난다. 신체적 징후도 나타나는데 스트레스를 받으면 몸살, 설사, 메스꺼움, 잦은 감기, 두근거림 등의 증상이 생긴다.

스트레스를 잘 관리하려면?

- **스트레스 요인을 파악하기**

자신의 주요 스트레스 요인이 무엇인지 생각해 보자. 빈번하게 스트레스를 유발하는 요인이 어느 범주에 있는가? 가려진 스트레스나 좋은 스트레스, 급성 스트레스 중 어느 스트레스를 제일 많이 받는가?

- **급성 스트레스를 받을 때, 완전히 통제할 수 있는 스트레스와 부분적으로 통제할 수 있는 스트레스, 아예 통제할 수 없는 스트레스를 구별하기**

우선 통제할 수 없는 스트레스 요인을 처리해야 한다. 그 요인을 해결하거나 없애는 것은 선택할 수 있는 사항이 아니다. 통제할 수 없는 요인 때문에 받는 스트레스를 줄이려면 지금 무엇을 해야 하는지 스스로에게 물어봐야 한다. 누군가를 용서해야 하는가? 무언가를 받아들여야 하는가? 그 스트레스 요인을 용서하거나 받아들이기 위해 무엇을 할 수 있는가? 오해하지 마라. 그렇게 하는 것이 남을 위한 게 아니다. '자신의' 기분을 더 나아지도록 하기 위해 남을 용서하고 처한 상황을 수용하는 것이다. 용서와 수용은 자신의 삶을 계속 전진시키고, 억울한 감정의 소용돌이 속에서 귀중한 하루하루를 낭비하지 않기 위한 방법이다.

소중한 사람이 사망하면 불행히도 우리가 달리 할 수 있는 게 없다. 그 상황을 받아들여야 한다. 조부모님이 돌아가셨을 때 나는 큰 슬픔에 빠졌다. 그리고 돌아가시기 전에 마지막 몇 달을 함께 보내지 못한 내 자신에게 화가 났다. 어느 순간 나는 스트레스를 받으며 자책을 해 봤자 누구에게도 도움이 되지 않는다는 점을 깨달았다. 조부모님도 내가 그러길 바라지 않을 것이다. 나는 더 이상 스스로를 비난하며 인생을 낭비하지 않았다. 그 대신 부모님과 더 많은 시간을 함께 보내기 위해 내가 할 수 있는 모든 일을 했고 여전히 하고 있다.

그때부터 나는 내 자신을 용서하고 마음의 평화를 얻었다. 나는 지금도 조부모님을 그리워한다. 앞으로도 영원히 그리울 것이다. 하지만 더 이상 스트레스는 받지 않는다. 나는 충분한 시간을 갖고 온몸으로 비통함을 풀어냈다. 그것은 평화로운 감정이고, 괴로운 동시에 즐거운 감정이었다.

- **스트레스를 줄이는 데 도움이 되는 사회적 교류를 해 보기**

마음속 깊숙한 곳에 있는 두려움을 친구에게 이야기해 보자. 그러면 유대의 끈이 더욱 튼튼해질 것이다. 하지만 너무 많은 불평을 쏟아 놓지는 말아야 한다. 사람을 스트레스를 푸는 수단으로 이용해서는 안 된다.

스트레스 일기를 써 보자. 직면한 문제들을 적어 가는 과정에서 서서히 긴장이 풀릴 것이다. 며칠 후에 일기장에 기록한 불만을 다시 읽어 보면 그 문제들 중 대부분이 얼마나 사소한 일이었는지, 자신의 삶에 미치는 영향이 얼마나 미미했는지 깨닫게 된다.

전문 상담사를 찾아가는 것도 방법이다. 내 인생에서 가장 중요한 일, 삶의 전환점이 된 일은 훌륭한 상담사를 찾은 것이다. 틀림없이 상담사는 당신의 이야기를 귀 기울여 들을 것이다. 그들은 당신에게 매우 도움이 되는 질문을 던진다. 그 질문을 깊이 숙고하다 보면 감정적 미로에서 빠져나오는 좋은 방법을 찾을 수 있다.

- **레스트(R. E. S. T.) 하기**

  – **쉬고**(R, relax), **먹고**(E, eat), **자고**(S, sleep), **훈련하기**(T, Train).

  라틴어 격언 중에 '멘스 사나 인 코르포레 사노Mens sana in corpore sano.'라는 말이 있다. '건강한 정신은 건강한 신체에 깃든다.'라는 뜻이다. 자신만의 건강한 생활 습관을 만들면 일상의 스트레스와 시련에 훨씬 더 쉽게 맞설 수 있다. 습관으로 만들 만한 활동을 몇 가지 시험 삼아 해 보고 어느 것이 자신에게 가장 효과적인지 확인해 보자. '레스트'를 생활 습관으로 삼아 보자. 훈련은 20분만 하고 세 시간 동안 쉬고 싶은가? 결정은 당신 몫이다. 자신의 일정에 맞고 스트레스 없이 목표를 달성할 수 있다면 그렇게 해도 좋다.

• 자신의 감정에 주의를 기울이기

언제나 스트레스가 '최적의' 수준에 있는 순간이 있다. 하지만 그 수준을 넘어 생각이 통제가 안 되면 조급해지고, 당황하고, 사고가 마비된다. 긴장감이 최적으로 유지되는 순간을 포착하자. 최상의 성과를 내기 위해 무엇을 해야 하는지 고민하고 있는가? 그렇다면 그때가 최적의 긴장감을 유지하고 있을 때다.

스스로에게 '성공하지 못할 거야.'라고 말하기 시작하면 그 순간부터 일을 망치고 좋은 스트레스의 경계를 벗어나게 된다. 그때 감정이 바닥으로 떨어진다. 몸에 급성 스트레스가 쌓이는 것을 어디서 느끼는가? 압박감이 들기 시작하면 스스로에게 무슨 말을 하는가? 무엇이 그런 감정을 촉발하는가? 이에 대한 답을 스트레스 일기장에 적어 보자. 그런 다음 현재 당신의 스트레스 반응이 과거의 어떤 사건들 때문에 생기게 됐는지 생각해 보자. 그리고 그런 반응을 이해하려고 노력하자. 그때 반응이 유용했던 이유는 무엇인가? 어렸기 때문이었을까? 무력감을 느낀 어린 당신이 스트레스를 받는 것 말고는 할 수 있는 게 없다고 느꼈기 때문일까?

그런 방어 기제를 만들게 된 이유를 생각해 보아야 한다. 지금도 당신은 그 방어 기제를 사용하고 있을 것이기 때문이다. 그리고 그렇게 학습된 반응이 더 이상 도움이 안 되는 이유를 최소한 세 가지 생각해 보자.

• **인내심을 길러 보기**

성급함은 삶에 스트레스를 쉽게 불러온다. 하지만 그런 스트레스는 상당 부분 피할 수 있는 것들이다. 예를 들어 당신이 우체국에 갔다고 해 보자. 사람들이 두 줄로 서 있고 그중 당신은 더 짧은 줄 뒤에 선다. 머피의 법칙 때문인지 옆줄이 더 빨리 줄어든다. 당신은 줄을 바꿔 선다.

그날 운명의 여신은 당신 편이 아니다. 줄을 바꿔 선 그 순간부터 당신이 먼저 서 있던 줄이 더 빨리 줄어들기 시작한다. 그래서 당신은 줄을 다시 바꾼다. 처음에 서 있던 줄에 그대로 있었더라면 이미 업무를 처리하고 화창한 날씨를 만끽하며 아이스크림을 먹고 있었을 것이다. 하지만 성급함 때문에 아직도 기다리고 있다. 옆줄이 더 빨리 줄어들 거라고 생각하며 줄을 바꾸는 것보다 한 줄에 그대로 서 있는 게 스트레스를 안 받는 일이다.

성급함은 스트레스를 유발해 장기적으로 몸과 마음에 영향을 줄 수 있다. 조급하게 굴면 잠깐의 기다림도 몹시 고통스럽게 느껴진다. 그러면 신경이 날카로워져 스트레스 호르몬이 온몸에 휘몰아치고 심장은 마치 시한폭탄처럼 빨리 뛴다. 늦으면 무슨 일이 생길지 모른다는 온갖 상상을 하면서 줄이 줄어들기를 기도한다. 하지만 안절부절 서둘러 봤자 소용없다. 불안한 마음으로는 무슨 상상을 하든 뾰족한 수가 생기지 않는다.

인내심은 기술이다. 그것은 타고나는 게 아니라 학습하는 것이다. 시간을 들여 그 기술을 습득한다면 인생은 훨씬 편해진다. 스트레스가 자신의 삶에 더 이상 힘을 발휘하지 못한다는 사실을 깨닫고 안도의 한숨을 쉬게 될 것이다.

어떻게 인내심을 기를 수 있을까?

우선 평정심을 잃게 하고 성급함을 촉발시키는 방아쇠가 무엇인지 찾아야 한다. 그러한 방아쇠가 사람인가, 특정한 말 또는 행동인가? 혹은 퇴근길의 교통 체증인가? 이미 우리가 시행한 훈련법을 통해 스트레스 요인을 파악했다면 그런 요인 중에서 성급함을 유발하는 것이 무엇인지 쉽게 찾을 수 있을 것이다. 그 훈련을 아직 하지 않았다면 다시 돌아가서 한번 해 보자. 당신의 주요 스트레스 요인은 무엇인가? 무엇 때문에 성급해지는가?

성급해지게 하는 요인과 그 이유를 자각할 때 그 요인을 제거할 수 있는 유리한 출발선에 서게 된다. 잠재의식에 있는 것을 의식으로 끌어와야 그것에 대한 통제력을 행사할 수 있기 때문이다.

종이에 선을 그어 세로로 두 칸을 만들어 보자. 그리고 왼쪽에 오늘 자신이 무엇 때문에 인내심을 잃었는지 적어 보자. '남편이 말하는 게 너무 느리다.'라거나 '직원이 주문을 받으러 너무 늦게 왔다.' 등을 적을 수 있다. 하루 동안 짜증 났던 일의 목록을 적었다면 각각의 상황에서 왜 인내심을 잃었는지 분명하게 표현해 보자. 솔직하게 적어야 한다. 이렇게 적을 수 있다. '막 나가려는데 남편이 이야기를 시작해 조급해졌기 때문에 인내심을 잃었다.' 또는 '직원이 나보다 늦게 온 손님의 주문을 먼저 받아서 인내심을 잃었다.' 등이다.

인내심을 잃을 때마다 그 배후에는 충족되지 않은 필요가 있다. 사람이나 사건은 성급함을 촉발하는 방아쇠이자 자극제이지 결코 원인이 아니다. 우리가 자극에 반응하지 않으면 그 무엇도 인내심을 잃게 할 수 없다. 자극과 반응 사이에는 약간의 간격이 있기 때문에 그사이에 우리는 어떻게 반응할지 결정할 수 있다.

스트레스 요인을 파악했다면 두 번째 단계는 성급해진 원인을 다른 말로 표현해 보는 것이다. 다시 한번 말하지만 인내심을 잃는 이유는 그 배후에 충족되지 않은 필요가 있기 때문이다. 그 필요를 확인해 보자.

예를 들어 '막 나가려는데 남편이 이야기를 시작해 조급해졌기 때문에 인내심을 잃었다.'라는 상황에서 충족되지 않은 필요는 무엇인가? 서두르는 자신에 대한 남편의 배려다. 아내는 남편이 좀 더 사려 깊게 행동해 주기를 바랐다. 자신의 출근이 늦지 않지 않도록 남편이 하려던 이야기는 나중에 할 수도 있을 것이라고 생각한 것이다. 또한 자신이 시간 관리를 제대로 못 했다는 생각이 성급함이라는 불에 기름을 부은 격이 될 수 있다. 더 빨리 일어났더라면 늦지 않게 모든 걸 마쳤을 것이라는 생각이 들기 때문이다.

그 상황에서 성급한 마음에 나오는 대로 말하면 남편에게 이렇게 말하게 될지 모른다. "바쁜 거 안 보여요? 그래서 요점이 뭐예요? 핵심만 말해 줬으면 좋겠어요." 그러면 남편은 방어적인 태도를 취할 것이다. 자신이 공격당한다는 느낌을 받기 때문에 아내의 필요를 배려하는 일에는 관심이 없어진다. 다시 말해 아내가 출근을 하든 말든, 하루를 어떻게 보내든 남편에게는 상관없는 일이 된다. 남편은 부루퉁해 있거나 심하면 부부 싸움을 걸어올 수 있다. 아내의 필요는 어느 것 하나 충족되지 못한다.

하지만 아내가 자신의 필요와 남편에 태도에 초점을 맞추며 참을성 있게 이야기를 한다면 남편은 아내의 말을 더 잘 들을 것이다.

"당신 이야기가 흥미로운데요. 이따 저녁에 자세하게 듣고 싶어요. 지금은 출근이 늦어서요. 바보같이 일찍 못 일어나서 그래요. 오늘은 20분 정도 일찍 올게요. 그때 다시 이야기해 줘요."

아내가 이런 식으로 말하면 남편은 공격이나 면박을 당한다는 느낌을 받지 않는다. 이 상황에서 아내는 자신이 일찍 일어나지 못했다는 잘못을 인정했고, 자신과 시간을 보내고 싶어 하는 남편의 관심에 감사함을 드러냈다. 그리고 저녁에 이야기를 다시 하자고 약속해 남편에게 선의의 신호를 보냈다. 아마 남편은 아내에게 잘 다녀오라며 입맞춤을 해 줄 것이고 아내는 바로 집을 나설 수 있을 것이다. 이로써 아내의 필요 두 가지가 모두 충족된다. 남편은 아내를 고맙게 생각할 것이고 아내는 직장에 늦지 않게 도착할 것이다.

또 하나의 상황도 자세하게 살펴보자. '직원이 나보다 늦게 온 손님의 주문을 먼저 받아서 인내심을 잃었다.'의 경우에는 어떻게 하면 좋을까.

이게 당신의 상황이라면 당신이 원한 것은 고객으로서 대우를 받는 것이다. 직원이 당신보다 늦게 온 사람의 주문을 먼저 받았기 때문에 당신은 무시당하고 고객 대우를 받지 못했다는 생각이 들었을 것이다. 어쩌면 모욕당했다고 느꼈을 수도 있다. 어떤 느낌이 들었는지 정확하게 분석해야 한다. 어떤 감정이 생겼는지 진단하고 충족되지 않은 필요가 무엇인지 분명하게 표현하자. 당신은 대우와 존중을 받고 싶을 것이다. 하지만 직원에게 "이봐요. 내가 먼저 온 거 못 봤어요? 내 주문부터 받아야지요!"라고 말해 봤자 대우와 존중을 받지 못한다. 직원에게 심한 비난을 퍼붓는 행동은 당신의 필요를 충족시키는 데 방해가 된다. 당신의 비난을 받은 직원은 정말 끔찍한 하루라는 생각을 하며 당신에게 분한 마음을 품고 당신의 팬케이크에 침을 뱉어 가져올지도 모른다.

이렇게 접근해 보는 건 어떨까. "실례지만 나도 주문할게요. 내가 저 손님들보다 먼저 왔거든요. 당신이 바빠 보여서 귀찮게 하고 싶지는 않지만 내가 좀 급한 일이 있어서요. 내 주문을 빨리 받아 주면 정말 감사하겠어요." 침착한 태도로 당신이 화나지 않았다는 점을 확실하게 보여 주고 직원의 업무에 관심을 나타내면 그 직원을 당신 편으로 만들 수 있다. 그렇다고 해서 당신의 음식이 먼저 나온다는 보장은 없다. 하지만 그는 당신에게 존중을 나타내고 친절하게 대할 것이다. 당신의 팬케이크가 먼저 나올 수도 있고 그렇지 않을 수도 있지만 당신은 고객으로서 대우를 받았기에 필요가 충족된다.

이제부터는 당신 차례다. 실제로 당신의 인내심을 잃게 하는 사건을 최소한 세 가지 생각해 보자. 그 상황에서 당신이 어떻게 반응했는지 기억해 적어 보자. 인내심을 잃게 한 원인이 되는 사람을 떠올려 보자. 무엇 때문에, 또는 누구 때문에 인내심을 잃었든 그것은 단지 인내심을 잃게 하는 하나의 자극임을 깨달아야 한다. 그다음 충족되지 않은 어떤 필요가 부정적인 감정의 방아쇠를 당겼는지 확인해 보자. 그리고 다른 사람을 탓하지 말고 자신의 필요를 전달하는 데 초점을 맞추는 방식으로 그 상황에 대해 다른 방식으로 반응해 보자.

이런 훈련을 수행한 후 성급함을 촉발한 사건이 당신의 내일에 얼마나 심각한 영향을 미칠지 1점에서 10점까지 점수를 매겨 보면 좋을 것이다. 다음 주에는 얼마나 영향을 미칠까? 내년에는? 내년은 말할 것도 없고 다음 주만 되어도 그 사건을 까맣게 잊게 될 가능성이 크다.

우리는 모욕을 당했다는 느낌을 받을 수 있지만 사실 사람들이 우리에게 일부러 모욕을 주려고 하는 경우는 드물다. 상대에게 끔찍한 기분을 안겨 주려고 계획적으로 행동하는 사람은 거의 없다. 우리가 자신의 충족되지 않은 필요와 감정을 잘 파악하지 못하기 때문에 모욕당했다는 느낌이 드는 것이다. 비참한 기분이 들면 남 탓을 하는 게 언제나 더 쉬울 테니 말이다.

    인내심을 잃을 때마다 자기 성찰을 하려고 노력해 보자. 숨이 차고, 심장이 두근거리고, 머릿속이 뿌옇게 되고, 주먹을 불끈 쥐게 되고, 불안해지는 증상이 나타날 수 있다. 이는 인내심이 사라지는 일반적인 증상이다. 이럴 땐 한 걸음 뒤로 물러나 보자. 심호흡을 다섯 번 하고 그러한 감정 뒤에 있는 충족되지 않은 필요를 찾아내자. 그리고 그 필요에 초점을 맞춰 다른 방식으로 표현하자.

    교통 체증처럼 당신이 어떻게 처리할 수 없는 사건 때문에 인내심이 사라지려고 할 때 다음의 훈련을 따라 해 보면 도움이 될 것이다. 먼저 숨을 가다듬어 보자. 그리고 간절히 바라는 것이나 과거의 즐거운 경험에 초점을 맞춰 보자. 긴장감이 서서히 완화될 것이다. 그 상태를 유지해야 한다. 성급함이 다시 당신을 장악하게 해서는 안 된다. 편안한 마음을 갖고 가야 할 곳에 전화를 걸어 늦게 도착할 것 같다고 전하자.

    인내심을 기르는 다른 훈련법이 있다. 꽃이나 작은 나무를 키우는 것이다. 처음에는 씨앗의 형태나 뿌리가 얕은 식물로 시작하자. 알맞게 물과 비료를 주며 잘 돌보자. 이 방법은 인내심과 돌봄 능력을 키우는 훈련으로 매우 유용하다.

> **어른초년생이 기억해 두면 좋을 포인트**
>
> - 가장 먼저 스트레스 요인을 자각하자. 그 요인은 스트레스와 성급함을 자극하는 것이다. 스트레스가 되는 상황을 어떻게 해석할지 그 상황에 통제력을 행사할 수 있는 사람은 자기 자신뿐이다.
>
> - 성급한 마음의 배후에는 언제나 충족되지 않은 필요가 있다. 먼저 그 필요를 정확하게 분석하자. 그런 다음 스트레스를 받는 상황이 되면 다른 사람의 잘못을 추궁하지 말고 자신의 충족되지 않은 필요에 초점을 맞춰 보자.

SNS에서 보이는 게 다는 아니다

오늘날 인류는 진정한 여유로움을 만끽하고 있다. 세탁기나 오븐, 자동차 등 인간이 만들어 낸 발명품들을 생각해 보면 알 수 있다. 이 뛰어난 발명품들은 모두 눈부신 성공을 거뒀다. 우리의 일상생활을 간편하게 해 주어 다른 일에 더 많은 시간을 쓸 수 있도록 했다. 하지만 우리의 삶이 조상들의 삶보다 더 편안해졌는데도 감사함을 느끼기는 더 어려워진 것 같다.

우리의 행복에 무슨 문제가 생겼을까

연구 결과를 살펴보면 오늘날 사람들은 과거에 비해 훨씬 불행하다는 것을 알 수 있다. 현실이 정말로 암울했던 과거보다 불안 장애와 정신 질환, 우울증에 더 많이 시달리고 있다. 많은 사람이 강박적으로 완벽에 매달린다. 완벽한 신체를 갖고 싶어 하며 행복, 부, 유머, 지능, 재치에서도 완벽함을 추구한다. 더 생산적이 되어야 하고, 더 나은 결과를 낳아야 한다. SNS에는 영양가 높은 완벽한 아침 식사 사진을 포스팅해야 한다. 어디 그뿐인가? 완벽한 차를 몰아야 하며, 행복한 노래를 흥얼거리면서 완벽한 직장에서 완벽한 시간을 보내야 한다.

이 모든 면에서 삶을 완벽하게 만들려면 하루 24시간으로는 턱없이 부족하다. 완벽하게 이상적인 삶을 추구할 시간이 있는 사람은 아무도 없을 것이다. 특정 영역에서 완벽한 성취를 이루어 내는 사람들도 완벽하게 이상적인 삶은 얻지 못한다. 모두가 좇고 있는 이상적인 완벽함은 존재하지 않는다. 그것은 하나같이 환상이자 신기루일 뿐이다.

사람들은 유토피아적 행복에 대한 환상을 좇는 데 엄청난 시간과 에너지를 쏟는다. 그렇지만 완벽한 행복을 얻기 위해 시간과 에너지를 투자하면 할수록 실망감은 더 커져만 간다. 왜 그럴까?

완벽을 추구하는 것 자체가 제 부족함을 나타내는 것이기 때문이다.

예를 들어 더 아름다운 머릿결을 갖기 위해 끊임없이 노력하는 사람은 자신의 머릿결이 풍성하지 않고 윤기가 흐르지 않는다고 생각한다. 그래서 무의식적으로 머릿결을 가꾸기 위한 노력을 하는 것이다. 하지만 머릿결에 대한 기준은 명확하지 않다. 피상적이고 형편없는 기준들도 있다. 그래서 머릿결을 아름답게 하려는 노력은 어떤 기준에도 도달하지 못한다.

완벽주의는 약점이 될 수 있다. 소비지상주의가 이러한 약점을 이용해 자리를 잡았다. 이 사회는 더 큰 차, 더 좋은 직장, 더 멋진 배우자, 더 비싼 옷이나 음식을 통해 행복의 길로 들어선다는 사상을 우리에게 불어넣는다. 핵심은 좋은 것을 더 많이 가지라는 것이다. 특정한 직업이나 옷, 소유물이 지위의 상징이 되기도 한다.

SNS는 우리에게 왜 그렇게 많은 영향을 미칠까

SNS에 어떤 내용을 포스팅하고 나서 '좋아요'는 얼마나 받았는지, 어떤 댓글이 달렸는지 다소 과하다 싶을 정도로 여러 번 확인한 적이 있는가? 그런 적이 있다면 당신은 아마도 인간이 맞을 것이다.

인간은 사회적 존재다. 우리는 혼자 있기보다 함께 있는 걸 더 좋아한다. 이런 성향은 인간의 본능이며, 이 본능이 인류의 생존과 번영에 기여한다. 인류 역사 초기부터 인간은 함께 살고, 함께 이동했다. 인간의 능력으로 혼자서는 온전한 의미의 생존이 불가능했기 때문이다.

북미 원주민은 강 옆에서 부족을 이루어 협력하며 살았다. 그들은 함께 사냥과 낚시를 하며 서로를 보호했다. 19세기 북아메리카에서 서부로 향하던 마차 행렬도 생각해 보자. 사람들은 새로운 터전으로 안전하게 가기 위해 큰 무리를 이루어 함께 이동했다. 오늘날은 어떤가. 사람들은 지역 경비대를 결성하고, 카풀 조직을 만들고, 공동체 사업에 참여한다. 그 밖의 다른 사람들도 모두 어떤 식으로든 공동체를 형성한다. 언제나 인간은 단결하고, 공동체에 속해 적응하여 소속감을 갖기를 원했고, 또 그래야 했다.

오늘날의 SNS 역시 다르지 않다. 우리는 그 어느 때보다 더 긴밀히 연결되어 있으며 SNS가 이런 연결성을 더욱 두드러지게 한다. 과도하게 공개성을 띠며 팔로우하기 쉬운 가상 현실에는 어두운 면도 있다. 그래서 SNS의 위험성을 경고하는 여러 연구가 있다. 연구자들은 지적한다. 우리의 자신감과 자존감은 SNS에서 자신의 모습이 남들에게 어떻게 비춰지느냐에 크게 좌우된다고 말이다.

이처럼 일부 전문가들은 자존감 저하를 SNS 때문이라고 보지만 다소 다른 의견도 있다.

자존감이 SNS의 '좋아요' 수가 아니라 자신의 내부에서 우러나오게 하려면 반드시 스스로를 세심하게 관찰해야 한다. 심리학자 맥스 블럼버그는 일부 사람의 우려처럼 SNS가 우리 자신의 본질적 존재를 완전히 바꾸는 것은 아니라고 생각한다. 그는 SNS를 통해 원래 자신 안에 있던 감정과 행동이 더 뚜렷하게 나타나는 것이라고 말한다.

블럼버그는 SNS가 개인에게 미치는 영향력은 개개인의 성격에 따라 상당히 달라진다고 한다. 남의 인정을 받아야 행복해지는 사람이 있다. 이런 사람은 SNS가 등장하기 전에도 늘 있었다. 블럼버그는 SNS를 사용하는 많은 사람의 불안감이 늘어난 이유가 SNS의 유행 때문이라고 생각하지 않는다. 사용자의 불안감이 SNS 때문에 더 잘 드러나는 것뿐이라고 말한다. 과거에는 내면의 감정을 배출할 수단이 없었지만 SNS를 통해 자신의 감정을 사람들과 공유할 수 있는, 눈에 보이는 감정적 배출구를 갖게 되면서 사람들의 불안감이 더욱 두드러지게 나타난다는 것이다.

블럼버그는 SNS가 우리 자신과 우리의 생각 및 감정을 공개적으로 표현할 수단을 제공한다고 말한다. 이는 과거에는 없던 기회다. SNS에 자신에 관한 것을 공유한다는 것은 다른 사람에게서 부정적인 피드백을 받을 가능성을 열어 둔다는 뜻이다. 매우 겁나는 일일 수 있다. 하지만 칭찬이나 긍정적인 피드백을 받을 가능성 또한 있다. 따라서 블럼버그는 SNS를 다른 것과 마찬가지로 적당하게 사용해야 한다고 강조한다.

자기 인식이 핵심이다. 자신의 포스팅을 다른 사람이 어떻게 생각하는지 궁금해 전자 기기를 확인하는 일에 지나치게 매달리고 거기서 벗어나지 못한다면 잠시 한 걸음 물러나야 한다. 그것은 쉼을 가져야 한다는 분명한 신호다. 자신에 대한 다른 사람의 생각과 감정에 어느 정도 관심을 갖고 그들의 인정을 받고 싶어 하는 마음은 자연스러운 현상이다. 하지만 자신의 정체성과 자존감이 남들의 인정에서 나오는 것은 아니다. 우리는 SNS를 사용하든 그렇지 않든 자기 자신과 자신의 능력을 분명하게 인식하고 평온함을 유지해야 한다.

SNS에 대한 블럼버그의 관점은 깊이 생각해 볼 만하다. 오늘날 대다수의 사람들은 SNS에 참여하든가 그것을 싫어하고, 거부하고, 몹시 부정적으로 생각한다. 당신은 가상 현실과 어떤 관계를 맺고 있는가? SNS가 당신에게 도움이 되고 최상의 만족을 제공하는지 살펴봐야 한다. 그 반대가 되어서는 안 된다.

행복과 SNS의 관계

무언가를 잘 해내지 못하면 슬픔을 느낀다. 실망을 하거나 화가 날 수도 있다. 괜찮다. 정상적인 감정이다. 문제는 그런 감정이 정상이 아니라고 생각할 때 생긴다. SNS를 하다 보면 자신은 뭔가 잘못됐다는 생각이 들 수 있다. 누구나 그럴 때가 있다. 남들은 다 화려한 삶을 사는데 자신만 우울하고 지루한 삶을 살고 있는 것 같다. 다른 사람의 최고의 순간을 보면 자신의 삶은 생각보다 훨씬 더 형편없다고 느낀다. 그렇다. 자신이 부족하고 불행하다는 감정이 뒤섞여 나타나기 시작한다.

SNS에서 무엇을 보든 그것은 진짜가 아니다. 적어도 당신이 생각하는 것처럼 현실 그대로의 모습은 아니다. SNS에 올리는 포스팅은 에베레스트산 정상에 올랐을 때 찍은 사진과 같다. 그 뒤에 있는 다른 것들은 전혀 보이지 않는다. 사람들은 SNS의 사진을 보면서 남들이 에베레스트산 정상에 오르고, 멋진 폼으로 스카이다이빙을 하고, 출산 후 다이어트에 성공한 순간들만 보게 된다. 남들의 최고의 순간만 보는 것이다. 그리고 자신의 틀에 박힌 생활과 남들의 최고의 순간을 비교한다. 진짜 위험이 여기에 있다.

사람들은 자신의 일은 좋든, 나쁘든, 지루하든, 평범하든 모든 것을 기억하고 있지만 다른 사람과 관련해서는 그 사람의 최고의 순간들만 알고 있다. 열등감을 느낄 수밖에 없다. 이러한 광기 어린 상황에서 어떻게 벗어날 수 있을까?

자신의 생각을 몰아내고 SNS를 객관적으로 바라보자. 온라인에서 무엇을 보든 그것은 삶에 아무런 영향을 미치지 못한다. 포스팅 역시 삶에 영향을 주지 않는다. 현실에서는 눈물을 흘리면서도 행복한 사진을 포스팅할 수 있고, 자기혐오를 쏟아 내며 스스로를 학대하면서도 잘 살고 있는 듯한 사진을 포스팅할 수도 있다. 온라인에 있는 게 무엇이든 그것은 진짜가 아니다. 그것은 현실에 영향을 주지 못한다. 중요한 것, 실제 삶에 진짜 영향을 미치는 것에 초점을 맞춰라.

행복하게 SNS에서 활동하려면?

자신의 자존감을 다른 사람의 의견에서 찾으면서 하루 종일 SNS에 매달리면 오히려 자존감이 손상된다. 행복은 제약될 수밖에 없고 정신적으로 건강한 삶을 살지 못한다. 남들이 당신을 어떻게 생각하고 인식하는지 지나치게 신경 쓰고 있다면 다음의 조언대로 해 보자. 해로운 마음 상태에서 벗어나고 자신의 힘을 되찾을 수 있을 것이다.

- 대부분의 사람은 당신이 생각하는 것만큼 당신에게 관심이 없다는 사실을 기억하자. 모든 사람은 날마다 처리해야 할 문제와 어려움을 갖고 있다. 따라서 부모나 가까운 사람처럼 특별한 경우가 아니라면 대다수의 사람은 당신을 생각하면서 엄청난 시간을 쏟을 만한 여유와 에너지, 관심이 없다.

- 자신의 권한을 되찾아야 한다. 당신에 대한 책임은 당신 자신에게 있다. 당신이 남들에게 권한을 주지 않는 한 그들은 당신에게 아무런 힘도 발휘하지 못한다. 당신이 허락하지 않으면 다른 사람들은 당신의 하루를 망칠 수도 없고, 당신이 꿈과 목표를 달성하고 최상의 삶을 누리는 일을 방해할 수도 없다.

- 다른 사람이 당신을 어떻게 생각하는지 몰라도 신경 쓰지 말자. 우리는 자신에 대한 남들의 생각에 신경 쓰느라 너무 많은 시간을 소비한다. 그런 태도는 삶에 걸림돌이 된다. 당신이 다른 사람에게 상처를 주거나 그들의 삶을 방해하지 않는 한 당신의 미래와 행복은 스스로의 선택과 행동에 달려 있다는 사실을 받아들여야 한다. 다른 사람이 우리를 보는 관점은 그들의 삶에서 겪은 경험과 사건에서 비롯된다. 따라서 우리는 그들의 관점을 바꿀 수 있는 통제력이 거의 없다. 영화 '겨울 왕국'에서 엘사 여왕이 한 현명한 말처럼 다 잊고 남들의 의견에 대한 지나친 걱정을 멈추는 게 최선이다.

- 정말로 중요한 것에 초점을 맞추자. 인생은 짧다. 남들이 자신을 어떻게 생각하는지 걱정하며 많은 시간을 소비하면 정말로 중요한 것은 보지 못한다. 어차피 사람들은 당신에 대해 어떤 식으로든 판단을 한다. 하지만 그런 판단을 바꾸기 위해 할 수 있는 일은 거의 없다. 당신이 아무리 좋은 의도를 갖고 있다 해도 당신을 비난하고 싶어 하는 사람은 늘 있게 마련이다. 따라서 남들과 그들의 생각에 짓눌려 발목이 잡혀서는 안 된다. 당신이 생각하는 스스로의 모습에 주의를 돌려라. 자신의 실제 모습에 충실해야 한다. 중요하게 생각하는 믿음과 가치관을 나침반 삼아 행복하고 즐거운 삶의 길을 걸어가자.

- 더 이상 공포가 삶을 좌우하도록 허락하지 말자. 계획을 세워야 한다. 인간의 본성 때문에 흔히 우리는 '만약 무엇이라면'이라는 생각을 하는 불안한 세상에서 살아간다. 우리는 '만약 최악의 시나리오가 현실이 된다면? 그 일이 남은 인생에 지속적으로 부정적인 영향을 미친다면?'이라는 생각에 자주 빠진다. 하지만 실제로 최악의 시나리오가 현실이 되는 경우는 극히 드물다. 설령 그런 일이 생긴다 해도 그 사건이 우리의 인생에 영원히 영향을 미치는 일은 거의 없다. 따라서 다른 사람의 호감을 얻지 못하고 거부를 당하더라도, 어떤 공동체에서 적응을 못 하더라도, 그 때문에 발생할 수 있는 나쁜 일들을 상상하고 곱씹을 필요가 없다. 그 대신 생각을 다른 방향으로 돌려 계획을 세우자. 스스로에게 이렇게 말해 보자.

'좋아, 최악의 시나리오에 대한 계획을 세워 보자. 최악의 상황이 벌어지면 거기서 벗어나 긍정적으로 발전하기 위해 쓸 수 있는 전략은 무엇일까?' 단순한 계획을 세우기만 해도 지속적으로 균형감 있는 시각을 유지하고 공포를 줄일 수 있다.

- 당신의 인생은 진행 중이라는 사실을 인식하고 축제 같은 삶을 살아가자. 당신의 평범한 순간과 SNS에 올라온 남들의 최고의 순간이 비교될 때 당신이 선택할 수 있는 반응은 두 가지다. 한 가지는 낙담하고 스스로에게 가혹하게 대하는 것이고, 다른 한 가지는 자신을 발전시킬 기회를 찾는 것이다. 우리의 인생은 배우고, 성장하고, 발전할 여지가 충분한 진행 중인 여정이다. 어느 순간 어쩔 수 없이 자신을 남과 비교하게 될 때가 있다. 그런 순간이 오면 자존감을 높이고 자신을 바라보는 방식을 발전시킬 기회로 삼자. 도움이 되는 수업을 듣고, 건강한 라이프 스타일을 추구하고, 가장 사랑하는 사람과 어울리며 또는 가장 좋아하는 일을 하며 더 많은 시간을 보내자. 그렇게 최고의 삶을 살자. 그러면 SNS에서 다른 사람들과 공유할 자신만의 '최고의 순간'을 많이 만들게 될 것이다.

어른초년생이 기억해 두면 좋을 포인트

- SNS가 우리의 본질을 바꾸지는 않는다. 하지만 우리 안에 있는 불안을 크게 조장할 수는 있다. 그러니 자신을 아는 것이 중요하다. 다른 사람이 SNS에 올린 의견에 자신이 어떤 식으로 영향을 받는지 관찰해 보자. SNS를 사용하면서 최고의 유익을 얻으려면 한 걸음 뒤로 물러나야 할 때를 알아야 한다. SNS를 객관적으로 보며 자존감이 SNS가 아니라 자신의 내면에서 우러나도록 하는 데 초점을 맞추자.

- SNS에서 보이는 게 다가 아니라는 사실을 인식하자. 당신의 평범한 순간과 다른 사람이 SNS에 자랑하려고 올린 '최고의 순간'을 비교하면서 스스로를 학대하지 마라. 당신처럼 모두에게도 평범한 순간이 있다는 사실을 알아야 한다. 열등감을 느끼지 말자.

- 모든 사람들은 당신 생각만큼 당신을 생각하지도, 판단하지도 않는다. 자신의 문제를 처리하느라 남을 신경 쓸 여유가 없기 때문이다. 그러니 다른 사람의 의견을 지나치게 신경 쓰지 말아야 한다. 자신을 발전시키고, 정체성을 확립하고, 내면에서 자신감을 얻고, 최고의 삶을 사는 일에 더욱 주의를 기울이자.

내가 원하는 일을 해야
행복도 얻게 된다

당신에게는 다른 사람과 구별되는 당신 자신만의 무언가가 있다. DNA 얘기를 하려는 게 아니다. 당신이 다른 사람보다 더 특별하다고 말하려는 것도 아니다. 당신도, 다른 사람들도 특별하다. 하지만 우리 각자에게는 능력이나 기술, 개성 등 자신의 삶을 더욱 의미 있게 만드는 자신만의 고유한 것이 있다. 그것은 인생의 목적일 수도 있고, 소명일 수도 있으며, 천부적인 재능일 수도 있다. 마음을 다스려 이루고자 하는 목표일 수도 있다. 또는 다른 모든 기회를 기꺼이 희생할 정도로 인생에서 몹시 중요한 것일지도 모른다.

타이거 우즈에게 이것은 골프였다. 스티븐 스필버그에게는 영화 제작이었고, 빌 게이츠에게는 마이크로소프트였다. 당신에게 이것은 무엇인가? 그게 무엇인지 아직 모르고 있는가? 그렇다면 이제 그것을 찾을 시간이다. 당신만의 고유한 무언가. 그것을 찾았다면 다음에 제시하는 방법을 따라 최대한 발현시켜 보자.

베스트셀러 《최고의 나를 꺼내라 *The War of Art*》의 저자 스티븐 프레스필드는 무언가를 하거나 창조하는 일과 관련해 사람들이 가는 길을 두 가지 방향으로 구별해 설명한다. 한 가지는 계층적 방향이고, 또 한 가지는 영역 내의 방향이다.

계층적 방향을 따라가는 사람은 언제나 1인자가 되는 것을 목표로 삼으며 다른 사람과 끊임없이 경쟁한다. 그가 가는 길은 항상 자신보다 서열이 위나 아래에 있는 사람들과 싸우는 전쟁터다. 그의 행복과 만족은 계층에서 차지하는 자신의 지위에 달려 있다. 기대한 지위에 도달하면 잠시 행복감을 얻지만, 도달하지 못하면 우울감에 빠진다. 그가 하는 모든 일에는 자신이나 다른 사람의 기대를 충족시키려는 목적이 있다. 옷차림, 행동, 말, 생각, 창조하는 것 등 이 모두가 누군가의 기대에 부응하려는 것이다. 우리가 계급주의적 사고방식을 지닌 채 좀 더 높은 지위를 기대한다면 프레스필드의 말대로 위나 아래만을 보게 된다. 그리고 꼭 봐야 하는 내부를 보지 못하게 된다.

프레스필드는 계층적 방향보다 영역 내의 방향을 강조한다. 그는 사람들이 자신의 영역에서 안전함과 편안함을 얻는다고 주장한다. 자신의 영역 안에서 발전하는 방법을 찾을 때 자신감을 얻고 꾸준히 나아갈 수 있다. 육상선수는 제 영역이 육상 트랙임을 알고 있다. 트랙 안에서 자신이 가장 잘할 수 있는 것을 알고 있으며 패션 디자인 분야에서는 자신이 어떻게 해도 최고의 성과를 낼 수 없다는 것도 잘 알고 있다. 패션은 육상선수의 영역이 아니기 때문이다.

자신의 영역에 있을 때 외부의 인정 없이도 우리는 계속 전진할 수 있다. 자신의 영역에서 최선의 노력만 다하면 된다. 그러면 행복과 만족이라는 형태로 노력에 대한 보상을 얻는다. 자신의 영역에서 자신만의 자리를 차지하려면 반드시 부단한 노력이 필요하다. 르브론 제임스는 우연히 최고의 농구선수가 된 게 아니다. 그는 자신의 영역에서 엄청난 노력을 쏟아부었다. 그는 날마다 훈련장에 나와 연습했다. 언제나 코트에는 그가 있었다. 그는 자신의 기량을 발전시키는 데 전력을 다했고, 그의 영역은 그가 쏟은 노력만큼 그대로 돌려주었다. 자신의 영역에서 무언가를 그냥 얻을 수는 없다. 주는 만큼 되돌려 받게 된다.

자신이 계층적 방향으로 가는지, 영역 내의 방향으로 가는지 확인하려면 어려움을 겪을 때 무슨 행동을 하는지 분석해 보면 된다. 친구나 친척에게 전화를 걸어 위로와 인정, 이해를 받으려고 하는가, 아니면 자신의 일에 계속 몰두하는가? 전자라면 계층적 방향을 따라 길을 가는 것이고, 후자의 경우는 자신의 영역에서 고요함을 찾는 것이다.

프레스필드는 사람들이 무슨 방향으로 가고 있는지 확인할 수 있는 또 하나의 강력한 질문을 던진다. "당신이 지구의 최후 생존자라도 지금 하는 그 일을 계속하겠는가?" 이 질문에 "그렇다."라고 대답한다면 자신의 영역에서 자신만의 일을 찾았다는 의미다. 스티븐 킹이 지구의 최후 생존자라면 장담하건대 그는 공포 소설을 계속 쓸 것이다.

그가 계급 사회에서 높은 서열을 차지하고 싶어서 글을 쓰지는 않을 것이다. 그가 지구에 남은 유일한 사람이라면 계급은 의미를 잃지 않는가. 킹은 자기표현과 자기만족을 위해 끝까지 공포 소설을 쓸 것이다. 그는 순전히 자신의 천재적인 창의성을 분출하고 싶어서 글을 쓰는 것이기 때문이다.

당신이 계층적 방향으로 가는지 아니면 영역 내의 방향으로 가는지 파악했는가? 슬픔과 고통 속에서 당신의 일을 계속할 것인가? 당신이 디자이너든, 엔지니어든, 예술가든, 어머니든 그건 중요하지 않다. 주변 환경이 어떻든 자신의 일에 전념해 묵묵히 하고 있는지가 중요하다. 당신은 그렇게 하고 있는가? 그렇다면 자신의 일을 찾은 것이다. 아니라면 계속 찾아보길 바란다.

마음을 다스리려면 여러 가지 사소한 유혹에 주의를 빼앗겨서는 안 된다. 시간과 주의를 많은 것들에 분산시키면 어느 것 하나 제대로 된 성과를 내지 못한다. 결과가 썩 좋지 않아도 불편하지 않다면 상관없다. 하지만 사람들은 보통밖에 안 되는 수준에 만족하는 법이 거의 없다. 일반적으로 사람들은 좀 더 완벽해지고자 하며 기대치를 높이

설정한다. 그렇게 다양한 일에 높은 기대치를 설정해 놓고 충족시키지 못하면 내적 갈등을 겪게 된다. 기대가 충족되지 않아 자신감을 잃고 자존감이 떨어진다. 슬픔과 실망을 느끼고 자신의 능력을 의심하게 된다.

예전에 나는 나만의 고유한 일을 찾으려고 노력하면서 시간과 에너지를 투자해 다양한 목표를 추구해 봤다. 당신이 아직 자신만의 고유한 일이 무엇인지 모른다면 더 많은 일을 시도해 봐도 괜찮다. 이때 그 일들에 다른 의미를 부여해서는 안 된다. 오직 자신의 고유한 일을 찾겠다는 생각만 가지고 다양한 일을 시도해야 한다.

자신의 일을 찾았다면 그 영역으로 들어가 열심히 노력하자. 나는 글쓰기가 나의 고유한 일임을 알게 됐다. 그때부터 다른 일은 그만두고 모든 에너지를 이 일에 집중시키고 있다. 나는 남이 아닌 나 자신과 경쟁한다. 내 자신이 나의 유일한 경쟁자다. 나는 더 많은 영역에서가 아니라 나만의 영역에서 능력을 발전시키고 내 가치를 올리는 것을 목표로 삼는다. 내 길에서 벗어나지 않으려고 '예스'가 아닌 '노'를 말하기 시작했다. SNS에서 인정받으려는 생각도 버렸다. 나의 발전을 위한 피드백만 찾기로 했다.

이렇게 변화하기까지 고통스러울까? 나는 엄청난 고통을 겪었다. 여러 달 동안 열심히 해 온 일들을 그만두려니 너무 힘들었다. 특히 지도자 자리에서 물러나겠다고 결정했을 때는 진심으로 슬펐다. 도움을 구하는 다른 사람의 요청을 거절할 때면 기분이 몹시 안 좋았다. 하지만 그런 힘든 결정 덕분에 나는 일정을 단순하게 조정하고 내가 선택한 영역에 집중할 수 있었다.

변화는 힘겹다. 정상적인 일이다. 변화는 기존의 가치관과 싸우는 것이고 확고한 사고방식에 저항하는 행동이기 때문이다. 그동안 해 오던 다양한 일을 그만두고 한 가지 일에만 초점을 맞춘다는 것은 어떻게 보면 두려운 일일 수 있다. 잠재의식은 그러한 변화를 이미 익숙해져 있는 소중한 습관에 대한 공격으로 인식한다. 그래서 변화하려는 시도를 하지 못하도록 노력한다. 어떻게 그럴까?

잠재의식은 고통과 의심을 불러일으킨다. 잠재의식에는 상실, 공포, 불안, 죄책감을 비축해 놓은 무기고가 있다. 잠재의식은 그런 부정적인 감정을 무기처럼 휘둘러 기존의 가치관을 지키려고 한다. 하지만 프레스필드는 그런 부정적인 감정들은 자신만의 진정한 길을 가는 데 걸림돌이 되는 핑계에 불과하다고 생각한다. 그런 식으로 자기를 방해하는 힘을 그는 '저항'이라고 부른다.

고통을 받아들이고 고통과 맞서 싸울 때 놀라운 힘이 생긴다. 자신의 삶을 완전히 바꾸는 가장 극적인 순간은 부정적인 경험을 자신의 유익을 위해 활용할 때다. 힘든 경험을 피하려는 것은 발전을 피하겠다는 의미다. 고통을 피하면 고통을 낳고, 어려움을 피하면 어려움을 낳는다. 자신에게 맞는 한 가지 일에 집중하지 않는다면 끊임없이 내적 갈등을 겪게 되고 만족하지 못하는 삶을 살게 될 것이다.

잠시 현실을 직시해 보자. 당신의 삶에는 끝이 있다. 내 삶도 언젠가는 끝난다. 우리가 살아가면서 관심을 갖고, 추구하고, 소중하게 여길 수 있는 일은 한정되어 있다. 이런 얘기는 너무 당연해 보이지만 인생의 한창때에는 이것저것 다 해 보고 싶은 마음이 들게 마련이다. 그래서 우선순위를 따져 시간을 정말로 가치 있게 쓸 수 있는 한 가지에 초점을 맞추기란 쉽지 않다. 또한 그 한 가지를 어린 시절에 발견하는 사람도 있지만 죽을 때까지 자신의 목적을 찾는 사람도 있다.

커널 샌더스는 60번째 생일이 지나서야 자신의 고유한 일을 발견했다. 예순 살이 넘어서 자신이 할 수 있는 고유한 일을 찾았지만 결코 늦은 게 아니었다. 당신도 늦지 않았다. 지금부터 당신의 고유한 일을 찾는 데 도움이 되는 지침 몇 가지를 이야기해 보려 한다.

1. 자신의 일이라고 생각하는 일을 시작하기 위해 '최적의 순간'이나 '완벽한 조건'을 기다리지 말아야 한다. 당장 시작하자.

2. 자신의 일을 하면서 이룬 성과를 일기로 기록하자. 성과 일기는 자신이 올바른 길로 가고 있는지, 발전하고 있는지 지속적으로 확인할 시각적 도구로 삼을 수 있다.

3. 삶의 영역을 자신의 일을 하는 것에 도움이 되도록 구축하자.

4. 삶에서 시간과 에너지를 앗아 가는 요소를 제거하자.

5. 자신의 일을 발전시키는 것에 도움이 되는 활동에 집중하자.

6. 사람들은 동시에 여러 가지 일을 하며 멀티태스킹이라고 할지 모르지만 그것은 산만한 활동일 뿐이다. 한 번에

한 가지 일을 해야 한다.

7. 사람들에게 잊히는 것을 두려워하지 말자. 휴대 전화를 끄고, 와이파이를 꺼 보자. 자신에게 가장 중요한 사람과 일에 모든 신경을 쏟자.

8. 물로 자신을 채우자. 어떻게 하면 될까? 물을 더 많이 마셔야 한다. 정말이다. 탈수증만큼 몸을 은밀히 괴롭히는 것은 없다.

9. 갖고 있는 것에 감사하는 마음을 갖자. 갖지 못한 것에 대한 불평을 늘어놓지 말고 가진 것에 초점을 맞추자.

10. 일생에 걸쳐 자신의 '고유한 일'을 다양하게 추구하자. 많은 일들이 자신에게 의미 있다는 생각이 들면 그 일을 모두 해도 좋다. 하지만 동시에 해서는 안 된다. 한 가지에 10년씩 투자한다는 생각으로 하나씩 마스터하자.

인생의 목적을 찾는 것이 마음을 다스리는 확실한 방법이다. 얻으려고 애쓰고, 꿈꾸고, 갈망하는 개인적 목표가 있으면 정신이 목적 없이 방황할 시간이 없다. 이 목표는 자신과 관련된, 자신만의 것이어야 한다. 자기만의 고유한 일은 다른 사람과 공유하는 게 아니라 전적으로 자신의 일이다. 그것은 당신을 위한 것이고, 당신에 관한 것이다.

어른초년생이 기억해 두면 좋을 포인트

- 자신을 규정하는, 즉 자신의 목적이라고 할 수 있는 고유한 일을 찾아보자. 그리고 그것에 온 힘을 다하자. 여러 가지에 정신을 분산시킨다면 그 무엇도 제대로 성취할 수 없다.

3장

•

실수가 영원한 실패는 아니야

오늘보다 내일 더 나은
사람이 되려면

'나는 누구인가? 나의 목적은 무엇인가? 어떻게 해야 더 나은 내가 될 수 있을까?'

이런 질문이 매일 우리의 머리를 맴돈다. 정말 이상하게도 하루는 그 답을 알 것 같은데 다음 날이 되면 다시 그런 질문이 떠오른다. 또 그다음 날이 되면 완전히 길을 잃어 전혀 엉뚱한 곳에서 헤매기도 한다. 사실 이게 정상이다. 인간의 뇌는 뇌 자체를 포함해 모든 것에 의문을 품도록 서서히 발달해 왔다. 적당하게 자기반성을 하고 자신의 생각에 의문을 제기하는 습관은 우리가 취할 수 있는 건강한 정신적 태도다. 하지만 자신에 대해 끊임없이 의문을 품고 부정적인 생각을 하면 고통스러워진다.

이러한 질문에 명확하고 영구적인 답을 할 수는 없다. 모든 게 너무 자주 변하기 때문이다. 15년 전, 내가 누구이며 살아가는 목적이 무엇이냐고 물었다면 나는 이렇게 대답했을 것이다. "내 남자 친구의 연인이에요. 내 목적은 그와 결혼해 닭이랑 여러 동물을 함께 기르는 거죠." 지금은 이런 대답이 어처구니없게 느껴진다. 닭을 키우고 싶다는 말은 그나마 낫지만.

심리학자들은 이런 연구 결과를 내놓았다. 스스로 바라보는 자신의 모습은 긍정적으로든 부정적으로든 행동에 중대한 영향을 미친다고 말이다. 스스로 자신이 똑똑하다고 믿는 사람은 실제로 시험이나 토론 등 정신적 활동을 할 때 더 나은 결과를 얻는다. 자신의 믿음이 스스로에게 강력한 힘을 발휘하는 것이다. 바로 이러한 이유 때문에 자신의 믿음이 무엇인지 자각해야 하며 시간이 흐르면서 그런 믿음에 의문을 제기하는 방법을 배워야 한다.

선종(禪宗, Zen Buddhism)은 마음을 두 가지로 구별한다. 한 가지는 생각하는 마음이고, 다른 한 가지는 관찰하는 마음이다. 생각하는 마음은 정신에서 쉴 새 없이 떠드는 내면의 목소리다. 명상을 하며 생각을 잠재우려고 해도 생각하는 마음은 어떤 이미지나 생각들을 계속 피어나게 한다. 생각하는 마음은 결코 잠드는 법이 없다. 그 마음은 당신이 줄을 서 있을 때나 잠을 자려고 할 때, 심지어 잠을 자고 있는 도중에도 당신에게 말을 건다. 생각하는 마음이 당신에게 말을 걸고 있다는 것을 알아챈 적이 있는가? 그렇다면 관찰하는 마음이 작동한 것이다.

우리의 마음에서 무언가 작동해 자신의 생각과 행동을 파악하는 것이 있다면 그것은 관찰하는 마음이다. 사람들이 생각하는 마음은 열정적으로 활용하지만 안타깝게도 관찰하는 마음은 그렇게 활용하지 않는다. 나도 선종의 가르침을 배우기 전까지는 마음에 구별이 있는지도 몰랐다. 그저 관찰하는 마음은 더 나은 판단력이나 제정신인 상태고, 생각하는 마음은 '정신이 없는 상태' 정도로 생각했다. 그리고 나는 자주 정신이 없는 상태로 지냈다.

누군가 당신에게 "무슨 생각을 하고 있었던 거야? 제정신이 아니네."라며 소리를 지른다고 해 보자. 이때 그 사람의 말에는 실제로 이런 의미가 있다. '이봐! 관찰하는 마음

으로 생각하는 마음을 좀 챙겨. 생각하는 마음이 제멋대로 날뛰고 있잖아!'

생각하는 마음이 통제를 벗어나면 관찰하는 마음이 할 수 있는 게 많지 않다. 당신은 "화를 내지 않으려면 어떻게 해야 하죠?"라고 물으며 화를 잠재우는 방법을 알기 위해 다른 사람에게 도움을 청한 적이 있을지 모른다.

이 질문에는 화를 멈출 수 없다가 답이다. 생각하는 마음이 사슬에서 풀리면 고삐 풀린 말처럼 제멋대로 날뛰다가 사라진다. 우리가 할 수 있는 일은 자신과 감정을 동일시하지 않는 것이다. 선종의 가르침에 따르면 화가 났을 때 자기 자신에게 '나는 화가 났어.'라고 말하지 말고 '화라는 감정을 느끼는구나.'라고 해야 한다. 화는 인간을 규정하는 틀이 아니다. 화가 났다는 것은 그저 그 화라는 감정에 부정적인 영향을 받는다는 것이다. 이렇게 생각을 약간만 전환시켜 자신을 감정과 분리할 수 있다. 그러면 그 감정을 인정하고, 받아들이고, 해결할 여유가 생긴다.

감정은 잠재의식에서 불쑥 튀어나오는 거라 통제할 수 없다. 하지만 그 감정을 어떻게 표현할지는 통제할 수 있다. 생각하는 마음이 혼란스러운 감정을 일으킬 때 그 감정을 그대로 표출해서는 안 된다. 혼란스러운 감정이 피어나는 그 순간을 자각하자마자 일단 스스로를 억누르려고 노력해 보자. 그리고 분노든 공포든 불안이든 그 감정을 받아들여 보자. 감정을 의식으로 가져와 정신적 현미경으로 관찰하는 식으로 말이다.

성급함과 마찬가지로 분노 역시 충족되지 않은 필요 때문에 생긴다. 그 충족되지 않은 필요는 자신의 필요일 수도 있고 다른 사람의 필요일 수도 있다.

예를 들어 아내는 남편과 대화를 하려고 할 때마다 남편이 잘 듣지 않는 것 같아 화가 날 수 있다. '벽에 대고 얘기하는 것 같아.'라는 생각이 들지 모른다. 이때 그녀가 자신의 진짜 감정을 현미경으로 들여다보면 화는 단지 이차적인 감정임을 깨닫게 될 것이다. 아내의 진정한 필요는 남편이 자신의 말을 잘 들어 주고 이해해 주는 것이다. 따라서 아내는 남편에게 "벽에 대고 얘기하는 것 같아요. 당신과는 대화를 못 하겠군요."라고 말하는 대신 "지금 당신은 내 얘기를 잘 듣지 않는 것 같아요. 나는 당신과 대화를 나누며 이해받고 싶어요."라고 말하면 좋다.

때때로 우리는 누군가로부터 자기 자신이나 자신이 믿

는 대의명분을 공격받을 때 화가 난다. 이 경우 그 사람의 말을 잘 듣고 그 사람의 공격적인 이면에 어떤 충족되지 않은 필요가 있는지 이해한다면 도움이 된다.

가령 당신의 배우자가 당신에게 정서가 메말라 자기 감정 하나 제대로 표현할 줄 모른다고 했다고 가정해 보자. 이때 당신에게는 다음의 선택지가 있다. 감정이 메마른 자신의 모습에 혐오를 쏟아 내며 배우자의 비난을 그대로 받아들일 수 있다. 또는 상처 주는 말을 한 배우자를 원망할 수 있다. 아니면 자신이 어떤 감정을 느끼는지, 배우자의 말이 왜 상처가 되는지 자세히 들여다보기로 결정할 수 있다. 이와 동시에 배우자가 그런 말을 한 원인에는 어떤 충족되지 않은 필요가 있는지 생각해 볼 수 있다.

그 상황에서 당신은 감정을 잘 표현하려고 열심히 노력하는데 그런 모든 노력을 인정받지 못한다는 생각이 들기 때문에 배우자의 말이 상처로 다가올지 모른다. 하지만 배우자의 말에 감정 이입을 해 보자. 배우자는 당신과 감정적으로 더 많은 대화를 주고받길 바랄 수 있다. 그런데 그렇게 하지 못해 불행하다고 느꼈기 때문에 그런 말을 했을 것이다. 따라서 "철부지 같은 소리 그만해요. 당신 정말 너무하는군요."라며 비난하지 말고, 이렇게 말하자. "솔직하게 말해 줘서 고마워요. 당신이 왜 그런 말을 하는지 알아요. 당신은 나와 감정적으로 더 많은 교류를 하고 싶어서 그런 거잖아요. 당신의 의도는 알겠어요. 하지만 나도 말하고 싶은 게 있어요. 당신의 말 때문에 나도 상처받았어요. 감정을 잘 표현하기 위해 노력했는데 당신이 알아주지 않는 것 같으니까요."

우리에게는 화라는 감정을 피할 능력이 없다. 하지만 그 감정을 어떻게 표현할지 결정할 능력은 있다.

자신의 정체성과 감정을 분리하자. 당신의 감정이 당신은 아니다. 피어오르는 감정에 집중할수록 그 감정은 더욱 더 큰 힘을 얻는다. 부정적인 감정을 없애려고 하면 할수록 그 감정은 자신의 존재감을 더욱 크게 드러낼 것이다. 따라서 피하고 싶은 것에 초점을 맞추지 말아야 한다. 그보다 원하는 것에 주의를 집중하는 것이 효과가 훨씬 좋다. 예를 들어 "나는 화를 내고 싶지 않아."라고 하기보다 "나는 마음의 평화를 얻고 싶어."라고 말하는 게 더 효과적이다.

부정적인 생각과 감정도 인생의 한 부분임을 받아들

이자. 그것들을 없앨 수 없다. 하지만 잊을 수는 있다. 이제는 감정과 자신을 동일시하는 것을 그만두어야 한다. "나는 직장에 오는 게 끔찍해."라는 부정적인 말을 "나는 출근하기가 조금 힘들구나."라는 말로 바꿔 보자. 이런 식으로 문제에서 언어적 및 정신적으로 거리를 두자. 부정적인 감정과 거리를 두어 다른 식으로 표현하면 그 부정적인 상태가 영원한 게 아니라 일시적인 것임을 깨닫게 될 것이다.

자기 훈련

기초가 탄탄한 자기 훈련은 삶의 모든 측면에 장기적인 성공을 안겨 준다. 당신이 바라는 것이 날씬한 몸매든, 더 훌륭한 축구선수가 되는 것이든, 인정받는 연기자가 되는 것이든 상관없이 자기 훈련은 목표를 달성하기 위한 가장 중요한 조건이다.

여러 연구에서는 자기 통제를 잘하는 사람이 더 행복하다는 점을 보여 준다. 그 이유는 자기 통제를 잘할수록 어려운 상황을 더 잘 헤쳐 나가기 때문이다. 그들은 살아가면서 시련의 시기를 단축하며 합리적이고 긍정적인 결정을 더 수월하게 내릴 수 있다.

자기 훈련은 인내심처럼 학습되는 특성이다. 그것은 타고나는 게 아니며 집중력과 노력으로 발전시키는 것이다. 자기 훈련을 하면 장기적으로 매우 큰 유익을 얻으며 더 현명하고 유익한 선택을 할 수 있게 된다. 또한 감정을 통제하는 방법을 배우기 때문에 결정을 내릴 때 감정에 크게 영향을 받지 않는다.

인내심과 자기 훈련의 차이는?

마크는 전화를 받고 친구들이 약속에 늦을 것 같다는 얘기를 들었다. 저녁 6시 넘어서 도착할 수 있을 거라고 했다. 마크는 인내심이 있어서 친구들이 약속에 늦는다고 화를 내지 않았다. 그는 앉아서 테이블을 바라봤다. 테이블 위에는 친구들과 함께 먹으려고 준비해 둔 사탕과 샌드위치가 많이 있었다. 마크는 기다리면서 '조금만 먹어 볼까?' 하는 생각을 했다. 사탕을 먹어 보니 너무 맛있어 한 개를 먹고 또 한 개를 더 먹었다. 마크는 자신이 과체중이라는 것을 알고 있었다. 하지만 시간을 때우려니 먹는 것을 참을 수 없었다.

이 간단한 이야기의 교훈은 무엇일까? 마크는 인내심

이라는 특성을 발전시켰다. 그래서 친구들이 늦는다고 해도 언성을 높이지 않았다. 하지만 먹는 것은 멈출 수 없었다. 배가 고프지 않았는데도 말이다. 그는 자기 훈련의 기초인 자기 통제를 하지 못했다.

자기 훈련을 시작하는 가장 쉬운 방법은 '눈에서 멀어지면 마음에서도 멀어지는' 규칙을 적용하는 것이다. 유혹이 될 만한 요소를 인정하고 그것이 자신을 통제하지 못하게 하면서 자기 훈련을 할 수 있다. 유혹은 마크의 경우처럼 잘못된 식습관일 수도 있고, 중요한 프로젝트가 한창인데도 휴대 전화에서 신경을 끄지 못하는 태도일 수도 있다.

자기 훈련을 계속하면 의식적인 마음이 강력해져 그러한 유혹에 굴복하지 않게 된다. 그래서 유혹하는 요소가 눈앞에 있어도 물리칠 수 있다. 하지만 나는 애초에 그런 유혹이 될 만한 요소를 주변에서 없애라고 제안하고 싶다.

미아는 살이 너무 쪄서 혹독한 다이어트에 돌입하겠다고 결심했다. 하루에 한 번 저탄수화물 식사를 하고 단백질 셰이크를 몇 번 마셨다. 그녀는 자기 훈련을 통해 자기 통제 수준이 높아지게 된 것에 감격했다. 하지만 그와 동시에 기분이 우울해졌고 초점을 자주 잃었다. 집중력도 눈에

띠게 줄었다. 결국 다이어트를 제외한 모든 것에 대해서는 통제력을 잃어버렸다.

매슬로의 욕구 5단계 피라미드가 무너지면 자기 훈련은 힘을 잃는다. 훈련을 계속해 나가려면 규칙적으로 먹고, 마시고, 자는 습관을 들여야 한다. 인간의 기본적인 욕구가 충족되지 않으면 자기 훈련 계획을 체계적이고 꾸준하게 시행할 수 없다. 두뇌 활동이 순조롭게 이루어지게 하려면 필요한 영양소를 섭취해야 한다. 혈당이 잘 조절될 때 집중력이 더 좋아지며 더욱 생산적인 방식으로 하루를 지내게 될 것이다.

당신의 주요 목표가 편안함이 아니라는 점을 잊지 말아야 한다. 낡은 습관을 바꾸기 위해 자기 훈련을 하겠다고 결심하면 불편한 느낌에 시달릴 수밖에 없다. 우리의 뇌는 무의식적으로 현재 상황을 유지하는 쪽으로 작동한다. 뇌는 변화를 좋아하지 않기 때문이다. 뇌에게는 안전지대에 머무르는 것이 정상이다. 그래서 그러한 안전을 위협하는 모든 것을 제거하려고 한다. 뇌가 당신에게 불편한 감정이나 고통의 신호를 보내는 것은 당신이 변화하려는 노력을 멈추고 원래대로 돌아가게 만들려는 뇌의 작용이다.

하지만 지속적으로 훈련을 열심히 한다면 뇌는 새로운 습관을 받아들이기 시작하고 새로운 안전지대를 만든다. 습관은 빨리, 쉽게 생기는 게 아니다. 따라서 통제력을 잃고 절제하지 못하더라도 그런 자신을 용서해야 한다. 무언가 다르게 행동하겠다고 결심한다 해도 변화가 즉각 나타나는 건 아니다. 최악의 순간을 맞게 될 수도 있다. 인간이 기계도 아닌데 훈련을 하면서 힘겨운 부분이 왜 없겠는가. 자기 훈련의 목적이 부처가 되는 건 아니다. 더 명확한 사고력과 삶에 대한 통제력, 자신만의 전투에서 더 현명한 판단력을 얻기 위해 자기 훈련을 하는 것이다.

다른 사람에게 '아니요.'라고 말하는 법을 배우는 것은 자기 인식의 출발점이고, 자신에게 '아니요.'라고 말하는 법을 배우는 것은 자기 훈련의 출발점이다. 무언가를 이루고 싶은가? 모든 핑계를 버리고 '오늘' 그 길로 들어서자. 그 길을 고수하는 일에 흔들림 없이 온 힘을 다하자!

어른초년생이 기억해 두면 좋을 포인트

- 인내하는 법을 연습하자. 분노 뒤에는 충족되지 않은 필요가 있다. 자신이나 다른 사람을 탓하지 말고 그 필요를 해결하는 데 초점을 맞추자.
- 잘 먹고, 물을 많이 마시고, 충분히 잠을 자면서 자기 훈련을 해 보자.

이제 바라는 걸
얻으려고 행동할 때

몹시 원하던 것을 얻게 된 적이 있는가? 그런데 그것을 어떻게 얻을 수 있었는지 전혀 모르겠는가? 그렇다면 당신이 생각의 힘으로 그것을 '끌어당겼다'는 말 말고는 달리 설명할 길이 없다.

인간의 정신은 놀라울 정도로 강력하다. 인간의 강력한 정신은 세상에서 가장 위대한 회사를 세울 수도 있고 그것을 파괴할 수도 있다. 당신이 무엇을 생각하든 그에 따라 당신의 현실이 만들어진다. 그래서 나는 언제나 스스로에게 이런 경고를 한다. '생각에 주의를 기울여야 해. 언

젠가 그것이 현실이 될 수 있어.'

외부 세계에서 당신이 경험하는 것의 근원은 당신의 내부 세계에 있다. 다시 말해 어떤 환경에 처했을 때 자신의 믿음과 자세, 습관을 토대로 특정 반응을 나타내게 된다는 말이다. 당신의 생각은 건강과 인간관계, 재정 상태에도 영향을 미친다.

자신이 보고 경험하는 것이 마음에 들지 않는다면 세상을 보는 렌즈를 바꿔야 한다. 사람들은 외부 요소가 바뀌면 자신의 삶도 바뀔 거라고 생각한다. 하지만 집, 자동차, 휴대 전화, 헤어스타일을 새로 바꾼다고 해도 자신의 영혼에 의미 있는 변화는 일어나지 않는다. 진정한 변화는 외부가 아니라 정신 내부에서 일어나기 때문이다.

내 안에서 피어나는 생각, 그것을 놓치지 않고 자각하는 방법

대부분의 사람은 자신이 무슨 생각을 하는지 거의 감지하지 못하고 하루하루를 살아간다. 대개 우리는 자신의 정신이 어떻게 작용하는지 점검하지 않는다. 자신의 내부에서 공포를 유발하는 게 무엇인지 또는 마음속에서 자기 자신과 어떤 사소한 대화를 나누며 어떻게 하루를 보내는지 자각하지 못하는 경우가 많다. 먹고, 일하고, 쇼핑하고, 계획을 세우고, 말하고, 놀고, 시시덕거리면서 그런 행동을 하는 그 순간을 거의 의식하지 못한다.

하루에 몇 분간 고요하게 명상이나 자기 성찰을 하면 삶이 변화되는 기적을 맛볼 수 있다. 자신의 행동에 대한 생각을 검토해 보자. '나는 지금 차가운 음료수를 가지러 주방에 가고 있어.' 또는 '월급이 제때에 안 들어왔다고? 정말 화가 나는군. 내 인생은 왜 늘 이 모양 이 꼴인 거야?' 등의 생각을 들여다보자. 중요한 일에 주의를 기울이는 것처럼 일상적인 일과 관련된 생각에도 주의를 기울여야 한다.

어떤 것에 정신을 집중하려면 그것에 먹이를 주면서 놓지 않아야 한다. 그러면 결국 그것을 끌어당기게 된다. 나는 끌어당김의 법칙 그 자체에 회의적일 때가 있지만 어떤 일들이 설명할 수 없는 방식으로 일어나는 것은 부정할 수 없다.

끌어당김의 법칙이라고 부르는 것은 자기 인식과 더 많은 관련이 있다. 기분이 몹시 안 좋을 때 우리는 스스로를 제대로 살피지 못한다. 너무 우울하고 여러 문제에 사로잡혀 있는 탓에 기회가 있어도 놓치고 만다. 그래서 좋은 것을 '끌어당기지' 못한다. 마음이 닫히고 침울한 상태이기 때문이다.

근심을 버리고 희망으로 가득한 현재를 살아야 한다. 아름다운 장미향을 맡기 위해 멈춰 보자. 거리에서 소소한 가치를 찾아보자. 그럴 때 우리는 일에 대한 사명을 깨닫게 되어 세상으로 뛰어들 수 있다. 그저 마음을 열고 지금 이 순간으로 들어가 친절하고 따뜻한 상태로 머물러 있어 보자. 그러면 우리는 긍정적인 것과 좋은 사람들을 삶으로 끌어당길 수 있을 것이다.

친구 중 끌어당김의 법칙에 사로잡힌 친구가 있다. 내가 끌어당김의 법칙을 처음 알게 된 것도 그 친구 덕분이다. 하지만 끌어당김의 법칙을 엉뚱하게 써먹고 있었다. 요즘 그의 취미는 버스 끌어당기기다. 농담이 아니다. 몇 년 전 우리는 어딘가를 가고 있었다. 그런데 그가 갑자기 멈추더니 검지를 치켜올리고 두 눈을 힘껏 감았다. 집중력을 최대한 끌어내려고 두 눈을 질끈 감은 그의 이마에는 주름이 주글주글 잡혔다. 그는 버스를 '끌어당기고' 있었다.

그 당시 나는 '자기 계발'이라는 개념에는 관심이 없었다. 그런 내가 생각으로 끌어당기라는 허황된 그의 말을 믿을 수 있었겠는가? 특히 그가 끌어당김의 법칙을 열정적으로 설명하고 나서 버스를 끌어당기는 모습을 보니 정말 어이가 없었다. 나는 빈정대지 않으려고 심호흡을 하며 인내심을 갖고 버스를 기다렸다. 버스는 몇 분 지나서 나타났다. 그 친구는 "네가 부정적으로 생각해 버스를 쫓아 버린 거야. 그래서 이렇게 오래 기다리게 된 거잖아."라고 말했다.

그래도 그 친구는 한 가지 일에는 성공했다. 버스를 순간 이동시켜 30초 안에 우리 앞으로 옮겨 오지는 못했지만 내 호기심을 유발시키는 데는 성공했다. 나는《시크릿》을 샀다. 내게는 최초의 자기 계발서였다.

생각해 보면 그는 내가 지금 이 책을 쓰도록 간접적으로 원인을 제공했다. 어쨌든 나는 늘 작가가 되고 싶었으나 그와 그가 끌어당기던 버스가 아니었다면 이런 분야의 글을 쓰는 일에 마음을 열지 않았을 것이다. 그렇다면 이러한 일이 우주의 거대한 작용이었을까? 우주의 힘 앞에서 나는 장님처럼 아무것도 보지 못했던 걸까? 아니면 그 책을 좀 재미있게 읽다 보니 관련된 내용에 관심을 갖게 된

걸까? 그래서 더 많은 책들을 열심히 읽고 자기 계발과 관련된 나만의 생각을 책에 담아 독자에게 전달할 수 있었던 걸까? 결국 내가 작가가 된 게 우주의 힘 때문일까, 아니면 나의 노력 때문일까?

> "생각이 행동을 통제하게 놔두는 사람은 약한 사람이고, 행동이 생각을 통제하게 하는 사람은 강한 사람이다."
> — 오그 만디노

우리의 뇌는 한 번에 한 가지 일에만 초점을 맞출 수 있다. 초점을 건설적인 일에 맞추자. 외부 세계를 바꾸려면 먼저 자신의 내부 세계를 바꿔야 한다. 더 이상 좋지 않은 일들을 곱씹지 말고, 의식을 훈련해 열린 자세를 유지하고 성공 지향적인 사람이 되어야 한다. 좋은 것을 기대하며 거기에 정신을 쏟고 기대를 이룰 수 있는 행동을 하자. 그러면 바라던 일을 끌어당기게 될 것이다. 그 끌어당김은 어떤 우주의 작용 때문이 아니라 바로 자기 자신으로 인해 일어난다.

최선을 다하는 법을 배운다면 좋은 결과를 끌어당기려고 주문을 외울 필요가 없을 것이다. 달성하려고 노력하는 것이 무엇이든 당신은 마땅히 그것을 얻을 자격이 있다. 물론 그것을 당연한 권리로 요구하라는 의미가 아니다. 스스로를 바라는 것을 누릴 가치가 있는 사람으로 생각하라는 것이다.

왜 그래야 할까? 자신이 무언가를 누릴 가치가 없는 사람이라고 생각하면 그것을 얻기 위한 최선의 노력을 기울일 수 없게 된다. 자신이 바라는 목적 또는 대상이 너무 대단하거나 또는 너무 어려워서 이룰 수 없다고 생각하기 때문이다. 결국 '우주'는 당신이 원하는 것을 당신에게 안겨 주지 않는다. 당신이 그것을 얻으려고 회복력 있게 행동하는 일을 하지 않았기 때문이다.

예를 들어 보자. 당신은 디자인 분야의 일을 구하려 하고 자신이 그 일을 할 만한 가치를 지닌 사람이라고 생각한다. 그래서 이력서를 잘 작성해 대담하게 자신을 홍보하며 직접 작업한 샘플을 큰 회사 작은 회사 가리지 않고 많은 회사에 보냈다. 그리고 끊임없이 디자인 실력을 향상시키기 위해 열심히 노력했다. 그러다 어느 평화로운 금요일 아침 당신이 잠자리에서 일어났을 때 유명한 회사에서 면접을 보자고 연락이 온다. 우주가 개입한 걸까? 그렇다. 당신이 기회를 많이 만들고 그것을 우주로 퍼뜨렸기 때문이다. 당신은 최선을 다해 행동했고 우주는 응답한 것이다.

좋은 것을 끌어당기려면 건설적인 행동들을 더 많이 해야 한다. 복권과 비슷하다. 당첨될 기회를 얻으려면 복권을 사야 한다. 헝가리에 이런 속담이 있다. "당신 스스로를 도와라. 그러면 하느님도 당신을 도울 것이다." 하느님을 우주로 바꾸면 이 말은 끌어당김의 법칙에도 적용되는 것 같다.

어른초년생이 기억해 두면 좋을 포인트

- 자신의 노력을 믿자. 삶에서 얻고 싶은 게 무엇이든 열린 마음으로 접근한다면 그것을 이룰 더 좋은 기회들을 얻게 된다. 목표에 가까이 갈 수 있게 해 주는 단계들을 하나씩 밟아 나가자.

실패보다
더 좋은 교사는 없다

 어떤 남자가 있었다. 그는 어릴 때 가출을 했고 구급차 운전기사가 되려고 나이를 속였다. 신문사에서 일하다 '상상력이 없고 좋은 아이디어를 내지 못한다'는 이유로 해고당했다. 캔자스시티에서 광고용 애니메이션 제작 회사에 취직해 만화 연재를 시작했지만 실패했다. 다양한 사업도 여러 번 시도했지만 망했다. 생쥐 캐릭터를 매우 멋지게 그렸지만 여성들이 무서워한다고 거절당했다. 어머니에게 효도하기 위해 지은 집에서 이산화탄소 사고로 어머니를 잃었다. 직원들이 제2차 세계 대전에 참전하러 떠났다. 자신의 스튜디오를 탱크 수리 포병대로 바꿨다. 400만 달러의 빚을 졌다. 가족을 위한 최초의 놀이공원을 만들기 위해 고군분투했다. 이 남자는 바로 성공의 상징으로 여겨지는 인물인 월트 디즈니다.

아무리 최선을 다해 노력해도 실패와 고통이 수시로 삶을 파고들기 마련이다. 자기 훈련, 집중력, 긍정적 사고방식과 상관없이 실패는 삶의 필연적인 요소다.

인생에서 실패보다 더 좋은 교사는 없다. 진정한 성장은 수많은 크고 작은 실패를 딛고 이루어진다. 어떤 사람이 탁월한 성공을 이루었다면 그 사람은 그 위치에 이르기까지 많은 실패를 이겨 나간 것이다.

유아 시절 우리가 처음 말을 배울 때는 발음이 틀리고, 더듬거리고, 낱말과 뜻을 혼동했다. 하지만 제대로 말할 때까지 포기하지 않았다. 어린 시절 말을 배우면서 '말하기는 적성에 맞지 않아. 두 번 다시 말을 하지 않겠어.'라는 생각을 한 사람은 아무도 없을 것이다.

역설적이게도 대부분의 실패는 스스로 세운 잘못된 목표에서 비롯된다. 예를 들어 '팀에서 내가 가장 똑똑한 사람이 되겠다'는 목표를 세우면 목표를 좇는 과정에서 언제든 쉽게 무너질 수 있다. 특정 상황에 대해서는 통제력을 발휘할 수 없기 때문이다. 다른 사람이 얼마나 열심히 공부를 하든, 프레젠테이션에 얼마나 뛰어난 재능이 있든, 그 상황을 당신은 통제할 수 없다. 그러면 불안해지고, 세상과 끊임없는 싸움을 벌이며, 다른 사람들에게 좌지우지된다. 이는 잘못된 목표를 세운 탓이다. 만약 '프레젠테이션 능력을 보통에서 최고 수준으로 향상시키겠다'는 목표를 세우면 다른 사람의 실력과 상관없이 실패하지 않고 자신의 기준에 도달할 수 있다. 바로 통제력을 행사하는 것이다.

당신의 '통제력 범위' 내에서 목표를 세워야 한다. 그래야 피할 수 있는 실패를 마주하지 않을 것이다.

실패는 대부분의 사람이 거의 비슷하게 느끼는 감정을 수반한다. 실패를 하면 많은 사람들이 상실과 불안, 슬픔이라는 충격적인 감정을 느낀다. 사람마다 다른 점이 있다면 그것은 그 부정적인 감정을 극복하는 데 걸리는 시간이다.

어떤 사람은 신기하게도 실패에 잘 대처하는 것처럼 보이며 심지어 실패를 겪고 다음 날 미소를 띤 얼굴로 나타나기도 한다. 하지만 많은 사람은 몇 주 동안 잠 못 이루며 뒤척이고 왜 실패를 했는지 곱씹는다. 하루 종일 그 일에 대해 주변 사람들에게 말하는 사람이 있는가 하면 냉담한 표정으로 한마디도 안 하는 사람도 있다. 때때로 어떤 사람은 실패를 겪은 후 누군가 도와주려고 하면 화를 내기도 한다.

실패를 기분 나쁘게 받아들여서는 안 된다. 이번에 성공하지 못했다고 해서 그게 실패는 아니다. 사실 실패를 한 후 심적 고통을 겪으면 경험이 더 풍부해지고 현명해지는 데 도움이 된다. 하지만 왜 실패를 했는지 반드시 분석해야 한다. 그래야 거기서 교훈을 얻어 진정으로 더 나은 사람이 될 수 있다. 교훈을 얻지 못하는 실패는 무의미한 고통일 뿐이다.

스스로에게 이런 질문을 해 보자.

- 왜 실패했을까?
- 어떤 행동을 했으면 결과가 더 좋았을까?
- 그 실패는 나의 통제력을 완전히 벗어난 것이었나?

이 정보들을 취합한 후 한 걸음 물러서서 이렇게 질문해 보자.

- 그 실패에서 어떤 교훈을 얻었나?

 사실 사람들은 실패 그 자체에는 그렇게 신경을 쓰지 않을 수도 있다. 오히려 남들이 자신의 불행을 두고 이러쿵저러쿵 말하는 일을 더 우려할지 모른다. 그냥 내버려 두자. 실패로 당신을 판단하는 사람에게는 당신의 시간과 노력을 쏟을 가치가 없다. 실패를 감추려고 하지 말아야 한다. 실수나 불운, 결함을 숨기려 하지 않고 그것을 받아들이고 인정하기 위해 용감하게 조치를 취하면 사람들은 당신을 존경의 눈으로 바라볼 것이다.

 성공은 공짜로 얻을 수 있는 게 아니다. 그래서 성공에 이르면 훨씬 더 달콤하다. 따라서 실패를 받아들여야 한다. 실패와 화해하자. 실패를 통해 배우고 성장하자.

 과거의 실패가 뇌리에서 떠나지 않고 계속 당신을 괴롭힌다면 그 실패와 화해해야 한다. 몇 년 전에 심각한 실패를 겪었다면 그 일을 경험한 장소로 가 보자. 그곳이 졸업한 학교일 수도 있고 직장일 수도 있다. 내가 간 곳은 버거킹 매장이었다. 그곳이 처음 이별을 경험한 장소였다. 그 일을 겪을 때 나는 세상이 끝났다고 생각했다. 그 고통에서 결코 벗어날 수 없을 것 같았다.

몇 년 동안 나는 전염병을 피하듯 그 장소에 가지 않았다. 하지만 어느 날 그곳에 다시 가 봐야겠다는 생각이 들었다. 햄버거를 주문하고 이별을 했던 그 고통의 테이블로 가서 앉았다. 나는 고통에서 해방되는 일종의 카타르시스의 순간을 느끼리라고 기대했다. 하지만 아무 감정도 느껴지지 않았다. 내게 그 고통은 이미 오래전에 끝난 일이었다. 나 혼자서 고통에 무의미하게 매달리고 있었던 것이다. 스스로 고통을 허락해 그 사건이 나를 심하게 괴롭히고 있었다. 고통의 장소로 되돌아가 아무런 감정도 느끼지 못하면서 비로소 깨달았다. 그 고통이 이미 끝났지만 내가 현실을 제대로 보려고 하지 않았다는 사실을.

과거에 충격적인 사건을 경험한 장소에 직접 가 보면 의외로 담담해지는 경우가 많다. 그 어디에도 고통이나 수치, 실망이 남아 있지 않다는 사실을 알게 되면 치유받을 수 있다. 여기서 고통스러운 과거를 영원히 잊기 위한 방법을 하나 소개하려 한다.

그 장소에서 경험한 슬프고, 분하고, 고통스럽고, 해롭고, 부당하다고 느꼈던 감정과 생각을 종이에 모두 적어라.

그리고 그 종이를 찢어 버려라. 불이 날 염려가 없다면 그 종이를 태워도 좋다. 땅에 묻거나 그 종이에 돌을 던져라. 지금의 압박감에서 벗어날 수 있는 방법이라면 뭐든 좋다. 그렇게 했다면 이제 그곳을 떠나라.

당신은 어떤 장애물에서 빠져나오지 못하고 있는가? 일부 사람들이 당신에게 나쁜 영향을 끼쳤는가? 누군가 당신을 속이고 부당하게 대하며 상처를 주었는가? 당신이 다른 누군가에게 그런 행동을 했는가? 어떤 일에 좌절감을 느끼는가?

무언가를 잊기 위한 첫 번째 단계는?

소리 지르기다. 아무것도 숨기지 말고 목청껏 소리를 질러 보자. 속으로만 간직하면 나중에 병이 될 수 있다. 현재에 초점을 맞추고 지금 당장 현실을 명확하게 자각하자.

화가 나는가? 그 감정을 피하려고 하지 말자. 차라리 분노를 온전히 느껴라. 그 감정이 어느 정도 피어오를 공간을 만들어 보자. 가만히 화를 느끼고 분노에 대한 반응을 의식적으로 멈춰 보자. 그냥 그 감정을 느끼고 분노의 감정이 마음속에서 사그라지도록 하자. 감정이 지속되는 시간은 불과 몇 분이다. 그 감정을 계속 생각하지 않으면 감정은 사라지게 마련이다. 영원히 지속되는 것은 아무것도 없다. 화도 그렇다.

과거의 연인 관계가 당신의 발목을 잡고 있는가? 그 관계를 더 이상 감상적으로 생각하지 말고 현실을 직시하자. 연인과 지내면서 경험한 좋은 일들과 나쁜 일들에 대해 균형감을 갖고 목록을 작성해 보면 좋다. 이런 목록을 만들어 보면 부정적인 일들이 더 많았다는 점을 알게 된다. 그래서 관계가 끝났던 것이다.

과거의 연인보다 자신과 더 잘 맞는 사람은 언제나 존재한다. 과거의 연인만큼 당신을 사랑해 줄 사람은 없다고 믿는 실수를 하지 말아야 한다. 자기 자신을 사랑하기 위해 최대한 노력하자. 자신을 사랑할 줄 알면 남들의 인정을 간절히 바라지 않게 된다.

비가 그치면 해가 다시 나온다는 사실을 기억하자. 좋은 일이 생기리라는 것을 안다면 과거의 고통을 훨씬 더 쉽게 털어 낼 수 있을 것이다.

내가 실연의 아픔에 빠져 있을 때 아버지가 한 가지 이야기를 해 주었다. 고대 인도에서 어떤 소녀가 아버지에게 이렇게 요청했다고 한다. 슬플 때 힘을 주고 사랑에 눈멀었을 때 이성적인 판단을 잃지 않게 해 주는 것을 생일 선물로 달라고 말이다. 아버지는 딸의 요청을 들어주었다. 생일이 되자 그 소녀는 아버지에게 몇 단어가 새겨진 메달을 선물로 받았다. 그 메달에는 이런 글귀가 쓰여 있었다. "그 일은 영원히 지속되지 않는다."

어른초년생이 기억해 두면 좋을 포인트

- 실패를 피하지 말아야 한다. 고통스럽다면 고통도 받아들여 보자. 그렇게 한 다음 더 이상 그 일을 감상적으로 생각하지 말자. 우리는 거기서 얻은 교훈을 활용할 수 있다. 실패든 성공이든 그 어떤 것도 영원히 지속되지 않는다.

연습이
습관을 만든다

반복은 지식의 어머니다. 토머스 M. 스터너는 자신의 저서 《연습하는 정신: 삶에 초점을 맞춰 훈련하기 *The Practicing Mind: Developing Focus and Discipline in Your Life*》에서 "인생 자체는 하나의 긴 연습 과정이다. 인생에서 성취할 가치가 있는 모든 일에는 연습이 필요하다."라고 말했다.

연습이란 말을 꺼내면 사람들은 그것을 스포츠나 악기와 결부해 생각하는 경향이 있다. 하지만 인생에는 연습이 필요한 일이 많다. 특히 인내심을 기르는 일이나 의사소통 기술을 발전시키는 일, 명상하는 습관을 들이는 일에 연습이 필요하다. 스터너는 진정한 목표를 이루기 위해서 결과에 지나치게 매달리지 말고 꾸준하게 연습하는 게 중요하다고 강조한다. 그는 과정 지향적이고 몰입하는 태도가 자기 훈련, 예리한 집중력, 인내심, 자기 인식의 길을 닦아 준다고 말한다.

어머니는 신혼 초부터 어깨가 매우 무거웠다고 했다. 아버지가 할머니 음식의 열혈 팬이었기 때문이다. 어머니는 자신도 요리를 잘한다는 걸 아버지에게 보여 주고 싶었다. 그래서 아버지가 가장 좋아하는 할머니의 요리를 똑같이 만들어 보려고 열심히 노력했다.

이 문제는 간단하게 해결할 수 있을 것 같지 않은가? 할머니의 레시피만 있으면 되는 거였다. 추수 감사절마다 할머니가 만드는 굴에 끼얹는 흰 소스를 아버지가 정말 좋아했는데 어머니는 할머니에게 그 소스의 레시피를 알려 달라고 했다. 그런데 문제가 있었다. 할머니에게 요리법을 적어 두는 레시피 따위는 중요하지 않았던 것이다. 할머니는 그저 '감'으로 음식을 만들었다.

어머니는 주방에서 할머니를 쫓아다니면서 할머니의 일거수일투족을 관찰했다. 그리고 할머니의 말을 한 마디도 놓치지 않고 다 적었다고 했다. 이건 생각보다 훨씬 더 복잡했다. 할머니는 양념을 넣을 때 계량스푼을 사용하지 않았기 때문이다. 양념을 추가해야 할 때는 어머니에게 얼마큼 넣으라고 하지 않고 적당히 더 넣으라고만 했으니 레시피를 만들기가 얼마나 어려웠을지 짐작이 된다.

어머니는 완벽한 레시피를 만들기 위해 수많은 추수감사절을 할머니 옆에서 보냈다. 드디어 엄청난 연습을 거쳐 어머니는 레시피를 완성했다. 어머니와 아버지는 정말 기뻐했다. 이제 우리 가족은 해마다 굴에 끼얹는 흰 소스를 만들어 먹는다. 할머니의 요리 실력의 증거였던 그 요리가 이제는 어머니 요리 실력의 증거도 된다. 한편 어머니의 인내심의 증거이기도 하다.

예술적 목표나 업무와 관련된 것들에만 연습이 필요하다는 오해를 하지 말아야 한다. 어떤 것을 배우고 싶은가? 또는 특정 영역에서 발전을 하고 싶은가? 그 모든 것에 연습이 필요하다. 자녀를 기르는 일이나 예산을 세우는 일, 완벽한 여행을 계획하는 일 등도 연습을 해야 한다.

그런 일까지 다 연습해야 한다고 하니 압박감이 느껴지는가? 하루 24시간이 모두 연습 시간인 것 같은가? 그렇기도 하고 아니기도 하다. 여기서 비법을 하나 소개하려 한다. 우선순위를 정하는 것이다. 자신이 선호하는 영역(목표)을 선택하자. 즉 당신이 열심히 노력할 수 있고 그 노력에 대한 큰 보상을 얻고 싶은 영역을 고르라는 것이다. 그 다음 소매를 걷어붙이고 목표를 향해 꾸준히 노력하자.

연습과 배움의 차이

많은 사람들은 연습을 배움과 연결시킨다. 그 둘의 개념은 유사하게 보이지만《연습하는 정신》의 저자 스터너는 '연습'과 '배움'은 같지 않다고 설명한다. 그는 "'연습'이라는 말에는 자각과 의지가 내포되어 있지만 '배움'이라는 말에는 그런 의미가 없다."라고 말한다.

무언가를 연습하려면 의도가 있어야 한다. 목표를 이루려고 할 때 무언가를 의도적으로 반복하지 않는가. 반복을 통해 지식이 스며든다. 따라서 연습은 필연적으로 배움을 수반한다. 하지만 배움에는 연습이 필수적이지 않다. 자발적으로 어떤 일을 연습하기로 하면 그 순간에 몰입하게 된다. 그 활동 안으로 몸과 마음이 들어가는 것이다.

아널드 슈워제네거는 자신의 저서 《완벽한 기억: 믿

을 수 없을 정도로 놀라운 나의 진짜 삶*Total Recall: My Unbelievably True Life Story*》에서 웨이트 트레이닝을 명상의 형태로 묘사했다. 그는 근력 운동을 할 때 정신이 근육 안으로 들어가서 그것을 느끼고 관찰하고 잘 발달하라고 말을 건다고 했다. 집중하고 그 순간에 몰입하면서 연습을 한 것이다. 그는 그저 동작을 해내고 결과를 관찰했다. 그리고 점점 강도를 높여 가며 연습해 목표에 도달했다.

결과가 유일한 목표가 되어서는 안 된다. 그것을 더 열심히 연습하기 위한 동기 부여 수단으로 활용해야 한다. 목표를 성공의 지표나 자기 가치의 측정 수단으로 삼지 말아야 한다. 연습을 하며 지금 이 순간 최선을 다해 그 일에 통달하는 데 초점을 맞추자. 집중적으로 연습하면 하루가 끝난 후 마음의 평화를 얻게 될 것이다. 설령 목표에 도달하지 못했더라도 그날 할 수 있는 건 다 했기 때문이다. 집중하지 않는다면 그날 해야 할 일을 끝냈더라도 무언가 놓쳤다는 느낌이 들 것이다. 놓친 그 무언가는 최선을 다하는 자신의 모습이다.

즉각적인 만족은 단기적이다

미루는 태도가 자신에게 나쁘다는 사실을 의식적으로, 때로는 무의식적으로 알고 있으면서도 왜 할 일을 미루게 될까? 해야 하는 일을 할 때의 고통이 아무것도 하지 않았을 때의 고통보다 더 크게 느껴지기 때문이다. 다시 말해, 즉각적인 만족을 선택하기 때문에 미루는 것이다. 이런 만족은 가치가 지속되지 않는 단기적인 만족이다.

연습과 자각을 통해 우리는 금방 사라져 버리는 즐거움의 유혹을 피하는 방법을 배울 수 있다. 노력을 거의 또는 전혀 하지 않고 얻은 것 중 당신에게 중요한 영향을 준 것이 인생에서 얼마나 있었는지 떠올려 보자. 그다음 오랜 기간 동안 인내심을 갖고 열심히 노력한 일들을 기억해 보자. 그런 일은 틀림없이 쉬운 일이 아니었을 것이다. 하지만 어렵게 이룬 일들이 더 큰 가치를 주지 않았나? 노력과 역경을 감내하며 성취한 일은 쉽고 빨리 이룬 일이 결코 주지 못하는 즐거움과 만족을 준다.

어린 시절을 예로 든다면 나는 공부를 포기하고 친구들과 놀거나 비디오 게임을 하면서 즉각적인 만족을 얻을 수도 있었다. 하지만 우리 집에서 언제나 중요하게 여긴 것은 교육이었다. 그래서 나는 높은 학업 성적을 받는다는 장기적인 목표에 더욱 초점을 맞췄다. 결국 그렇게 공부에 집중한 덕분에 해외 유학 장학금을 받았다. 나는 항상 놀기 전에 반드시 해야 할 공부를 하고 숙제를 모두 끝냈다. 그 결과 아주 우수한 성적을 받았다. 내가 장학금을 받아 인생에서 더 원대한 꿈을 추구할 수 있었던 것도 즉각적인 만족을 뒤로 미루는 만족 지연 능력을 가졌기 때문이다. 그러한 가치관을 내게 심어 줘 인생에서 장기적인 가치가 있는 선택을 하도록 가르쳐 준 부모님께 영원히 감사드린다.

명상을 하며 내적 평화를 얻을 수 있다

명상을 해 본 적이 있다면 명상의 주요 목표가 지금 이 순간에 최대한 머무르는 것임을 알 것이다. 명상 중에 온갖 생각들이 피어나도 괜찮다. 명상의 목표는 생각을 없애는 것이 아니라 흘러 다니는 생각들을 감지하더라도 지금 이 순간으로 초점을 되돌리는 것이다. 그렇게 하기 위해 대개 호흡으로 초점을 맞춘다.

한동안 명상을 해 왔다면 당신의 마음은 명상 중에 피어나는 생각뿐 아니라 일상생활에서의 감정도 알아챌 것이다. 그러면 초조함, 분노, 성급함, 슬픔, 실망을 느낄 때마다 자각을 그러한 감정으로 옮길 수 있다. 그리고 그러한 감정이 현재와는 관련이 없음을 알게 된다. 보통 그런 감정은 미래가 불안하거나 과거를 후회하기 때문에 생긴다. 따라서 부정적인 감정이 피어난다는 것은 지금 이 순간을 벗어났다는 의미다.

자신의 마음과 에너지가 어디로 떠다니는지, 초점이 어디에 있는지 주의를 기울이자. 그리고 부정적인 감정을 인정하자. 이렇게 말해 보자. "안녕, 공포야(불안아, 분노야). 잘 지냈니? 나는 너를 이해해. 일단 이리 와서 나와 함께 잠깐 앉아 있다가 가는 건 어때?" 그다음 깊은숨을 천천히 몇 번 들이쉬고 내쉬면서 지금 이 순간으로 돌아오자.

무언가를 연습할 때 반드시 '지금 여기'에 있어야 한다. 지금 여기가 바로 지식이 스며드는 지점이며 시간 투자에 대한 최대의 보상을 얻는 순간이다. 지금 이 순간에 몰입해 연습을 잘하고 있는 순간에는 스스로 연습을 잘하고 있다는 것도 자각하지 못한다.

지금 이 순간에 대한 자각에 통달하는 것은 평생에 걸친 과정이다. 그렇다고 그런 자각은 뽐낼 만한 능력도 아니다. '나는 지금 이 순간에 머무르는 일의 전문가다.'라는 문구를 이력서에 넣으려고 지금 여기 머무르는 훈련에 엄청난 노력을 쏟는 것이 아니다. 다른 방법으로는 얻지 못하는 내적인 평온함을 얻어 삶을 부유하게 하려고 그렇게 하는 것이다.

연습이 습관을 만든다

의도적으로 좋은 습관을 기르면 다양한 부정적인 사건과 감정에서 벗어날 수 있다. 여기서 말하는 습관은 무엇일까? 억지로 하려고 하지 않아도 자연스럽게 하게 되는 행위다. 직관적으로 하는 행동이자 제2의 천성이라고도 할 수 있다. 좋은 습관을 기르기로 결심했는가? 그렇다면 습관이 천성이 된다는 건 좋은 소식이다. 하지만 이런 습관의 경향은 기존에 있던 나쁜 습관에도 나타난다.

우리의 삶을 바꾸고 어떤 일을 올바른 방향으로 이끌려면 먼저 자신의 나쁜 습관을 자각해야 한다. 그런 나쁜 습관들을 인지하고 버려야 한다. 그렇지 않으면 습관의 법칙이 나쁜 습관에도 적용된다. 나쁜 습관이 제2의 천성이 되어 저절로 나타나는 건 누구도 원치 않을 것이다.

그다음으로는 성취하고 싶은 게 무엇인지 자각해야 한다. 그리고 목표에 도달하기 위해 의도적으로 반복할 행동을 계획해야 한다. 의도적인 반복과 일정 기간의 연습이 습관을 만든다. 이 점을 인식하고 있어야 결과에 연연하지 않고 과정에 초점을 맞추며 마음의 평화를 얻을 수 있다. 편안한 마음으로 꾸준하게 연습할 때 비로소 목표로 삼은 습관을 기르게 된다.

결과 때문에 스트레스를 받을 필요는 없다. 원하는 결과를 안겨 줄 행동을 반복하기만 하면 된다. 끈기 있는 연습을 통해 성공을 이루자. 당신은 꾸준하게 연습할 때 원하는 목적지에 도달한다는 경험을 얻을 것이다. 그렇게 삶을 통제해 나가자.

이 모든 게 당신 자신에게 달렸다. 어떤 일에 시간과 에너지를 투자해 연습하면 몇 주 지나서 그 일에 더욱 능숙해질 것이다. 그러면서 새로운 습관이 생기고 새로운 고지를 정복할 것이다. 아무런 연습도 하지 않는다면 그 시간은 그냥 흘러가 버린다.

지름길을 찾지 마라

훈련에 잔꾀를 부리는 일은 단기적으로든 장기적으로든 도움이 안 된다. 요령 피우는 일에 쓸 수 있는 묘책은 없다. 짐 론은 이렇게 말했다. "당신을 대신해 팔 굽혀 펴기를 해 줄 사람을 고용할 수는 없다. 아무리 가치가 있는 것을 얻었어도 그것에 노력을 거의 혹은 전혀 들이지 않았다면 만족을 얻지 못한다."

많은 사람은 불편함을 두려워해서 이러한 조언을 놓치거나 거부한다. 노력을 귀찮게 생각해 하지 않으려는 사람도 있다. 또 어떤 사람은 지름길을 찾아내 스스로가 지혜롭다며 자랑스러워한다. 물론 이런 기술은 교통 체증을 빠져나가거나 프로젝트를 끝내는 일 등에 도움이 될 수 있다. 하지만 새로운 습관을 기르거나 자기 계발과 관련된 일을 할 때 지름길을 찾으면 스스로를 망치는 일이다.

사람들은 결과, 특히 최종 목적에 초점을 맞추는 경향이 있다. 자신의 노력을 통해 얻고자 하는 것에만 주의를 기울인다. 하지만 안타깝게도 전체 과정을 놓고 볼 때 결과를 통해 얻을 수 있는 만족이 가장 적다. 한번 오랫동안 열심히 노력해서 달성한 일을 떠올려 보자. 그 결과에 정말 짜릿한 쾌감을 느꼈는가? 아니면 모든 역경을 극복하면서 하루하루 해야 할 일을 끝냈을 때 더 큰 만족감을 느꼈는가? 새로 기술을 배웠다는 그 자체로 행복했는가? 아니면 그 기술이 일상에서 유용하게 활용될 때 더 행복했는가? 인생은 목적이 아니라 여정이다.

인생의 여정, 그 과정에서의 노력을 온전히 경험하겠다는 갈망을 가져야 한다. 목표를 향해 노력하고 연습하면서 올바른 길로 가고 있는지 초점을 맞추고 주의를 기울여야 한다. 과정을 통해 만족을 얻는 법을 배운다면 그 어떤 목표도 너무 어렵거나 압도적으로 보이지 않는다. 과정에 몰입한다면 하루하루가 만족스럽기 때문이다. 합리적인 수준으로 집중하면서 완수할 수 있는 매일의 해야 할 일들을 계획하자. 그리고 그 일을 수행하자.

천천히 그리고 꾸준히 원하는 일을 성취하자. 느림의 개념이 오늘날과는 맞지 않다는 것은 나도 잘 알고 있다. 하지만 새로운 습관을 기르고 마음을 안정시키는 법을 배우는 것 같은 자기 계발과 관련된 일은 시간이 걸린다. 조급하게 생각하며 스스로를 몰아붙여서는 안 된다. 자신에 대해 비현실적인 기대를 갖지 말자. 자신이 신속히 해낼 수 있는 일과 그 방법에 대해 객관적으로 자각해야 한다.

어떻게 객관적으로 자각할 수 있을까? 다양한 생각들과 거리를 두면 그렇게 할 수 있다. 자신을 생각과 분리시키자. 앞에서 다루었던 관찰하는 마음을 기억해 보자. 관찰하는 마음을 활용할수록 자신을 판단하지 않게 된다. 조용히 생각을 관찰하자. 여러 생각에 의미를 부여하지 말고, 생각과 자신을 동일시하지 말자.

관찰하는 마음을 활용하는 것을 일상의 습관으로 삼아 보자. 명상을 통해 연습할 수 있다. 그러면 스스로를 더 잘 자각하는 데 도움이 된다. 자리에 앉아서 눈을 감아 보자. 그리고 깊은숨을 몇 번 들이마시고 내쉬어 보자. 생각이나 감정이 피어날 때마다 온화한 동정심으로 그것을 살펴보자. 그다음 그런 생각과 감정을 내버려 두자.

자신을 잘 자각하게 되면 어떤 목표를 합리적으로 추구할 수 있을지 더 나은 결정을 할 수 있다. 합리적인 목표를 세우면 불안함을 떨쳐 내고 과정에 초점을 맞출 수 있게 된다.

어른초년생이 기억해 두면 좋을 포인트

- 연습은 예술과 운동 분야에만 필요한 게 아니다. 인생에서 성취할 가치가 있는 모든 일에 연습이 필요하다.

- 연습을 가장 효율적으로 할 수 있는 때는 그 순간에 몰입해 당면한 과제에 온전히 집중할 때다. 즉각적인 만족은 장기적인 가치가 없다. 마음을 다스리면 즉각적인 만족을 좇지 않게 되어 진정한 의미가 있는 것을 성취하기 위해 노력할 수 있다. 그러면 성공의 길을 계속 갈 수 있게 된다.

- 자신의 삶에서 필요한 습관을 의도적으로 만들자. 그렇게 하려면 먼저 성취하고자 하는 목표를 자각해야 한다. 그다음 그 목표를 이루는 과정을 단계별로 나누자. 집중해서 반복적으로 그 단계를 수행해 나가면 그 행동들이 제2의 천성이 될 것이다.

이야기를 마치며

　마음을 다스리는 일은 우리가 저절로 또는 쉽게 이룰 수 있는 일이 아니다. 하지만 마음을 잘 다스릴 수만 있다면 어른초년생에게 큰 도움이 된다. 어른초년생은 사회생활을 처음 시작하면서 어려움을 겪는다. 시간이 지나 환경이 학교에서 사회로 변화했고, 미성년에서 어른으로 대우받는 성인이 되었다. 몸은 시간이 지나면서 자라지만 마음은 트레이닝을 하지 않으면 자라지 않는다.

　우리의 마음은 가만히 있는 법이 없다. 언제나 재잘거리고 윙윙거린다. 능숙한 명상가들조차 자신의 마음을 완전히 잠재울 수 없다. 그들이 잘하는 게 있다면 그것은 그저 여러 생각을 내버려 두고 지금 이 순간으로 다시 돌아오는 것이다. 이처럼 마음을 완벽하게 통제할 수는 없지만 마음을 다스리기 위해 조금만 더 노력한다면 삶은 한층 나아질 것이다. 다른 세상으로 진입한 어른초년생들의 마음도 쉴 새 없이 윙윙거릴 것이다. 따라서 어른초년생들이 마인드 트레이닝을 하면 지금 이 순간에 머무르는 일이 더 수월해지고 변화된 환경에 적응하기가 쉬워지리라 믿는다.

마음을 다스렸을 때 얻을 수 있는 유익 몇 가지를 소개하려 한다.

- 자신이 통제할 수 있는 일과 통제할 수 없는 일을 자각하게 된다. 현재 자신의 삶의 상태에 대한 책임을 받아들인다. 다른 사람에게 책임을 떠넘기려 하거나 누군가 자신을 구원해 삶을 나아지게 해 줄 기다리며 귀중한 시간을 낭비하지 않는다. 의미 있고 지속적인 변화는 자신의 내부에서 나온다는 사실을 이해한다.

- 두 눈을 크게 뜨고 현실을 바라볼 수 있다. 인생은 모든 게 주고받는 과정이라는 것을 인식한다. 그래서 어떤 목

표를 추구하거나 특정 분야에 집중하면 다른 곳에는 시간과 에너지를 쏟을 수 없게 됨을 이해한다. 모든 걸 갖는 게 가능하지만 그 모두를 한 번에 가질 수 없다는 것도 안다. 그래서 우선순위를 설정하고 목표를 달성하는 데 계속 집중한다.

- 살아가면서 스트레스와 부정적인 감정을 피하거나 없앨 수 없다는 사실을 인식하게 된다. 그러한 것들은 인생에서 필연적인 요소이며 누구나 그런 감정을 겪는다. 마음을 다스리면 그런 감정에 어떻게 반응할지 통제력을 행사할 수 있다는 사실을 이해한다. 스트레스와 부정적인 감정이 충족되지 않은 필요 때문에 나타나는 현상임을 알게 된다. 충족되지 않은 필요가 무엇인지 발견하고 그것을 해결할 유익한 방법을 찾기 위해 시간과 노력을 들인다.

- 유혹을 극복하려고 노력하고 즉각적으로 얻는 만족을 포기할 수 있다. 그렇게 해서 더 의미 있고 가치 있는 것을 추구하기 위해 만족 지연 능력을 발휘하게 된다. 목표를 향해 나아가며 주의가 흐트러지거나 경로를 벗어나지 않고 장기적인 목표에 도달하기 위해 계속 집중하며 노력한다.

- 인생은 진행 중이라는 사실을 받아들인다. 살다 보면 실수를 할 때도 있고 실패를 할 때도 있다는 것을 안다. 그래서 그런 일을 겪어도 낙담하거나 스스로를 질책하지 않는다. 실수나 실패가 인생이라는 것을 배우고 성장하는 과정의 한 부분임을 이해하기 때문이다.

마음을 더 잘 다스리려면 다음의 조언을 마음에 새겨 보자.

- 다른 사람이 당신에 대해 어떻게 생각할지 노심초사하며 시간을 낭비하지 말아야 한다. 다른 사람들은 자신의 문제와 어려움을 해결하느라 몹시 바쁘기 때문에 당신이 생각하는 것만큼 당신을 판단할 여유가 없다. 당신의 정체성과 자존감은 남들의 의견이 아니라 당신 내부에서 나와야 한다는 점을 기억하자.

- 언제나 당신의 믿음에 의문을 제기하고 다시 평가해야 한다. 그래서 그 믿음들이 현재도 여전히 유효한지 반드시 확인해야 한다. 다른 관점을 지닌 사람들과 대화를 나누면서 조사해 보자. 자신의 믿음이 부정적이고 쓸모없어진 것은 아닌지 다시 확인해 보자. 그 믿음이 더 이상 유효하지 않다는 확실한 사실이나 증거가 나오면 믿음

을 조정하거나 버려야 한다. 단지 편하다는 이유로 기존 믿음을 고수해서는 안 된다.

- SNS를 적당하게 사용해 보자. 다른 사람의 의견에 심하게 흔들리는 것 같다면 그 순간이 언제인지 자각해야 한다. 당신의 시간과 에너지가 너무 많이 소비되거나 자신감에 부정적인 영향을 미친다면 과감하게 SNS를 멀리하는 것도 좋다.

- 인생의 목적과 자신의 열정을 찾아보자. 그리고 무조건 그것을 추구하자.

- 실패를 두려워하지 말아야 한다. 실패는 삶의 교훈을 가르쳐 주고 우리의 성장을 돕기 때문에 꼭 필요하다. 실패를 받아들이고 거기서 교훈을 얻어 지속적으로 성장해 나가자.

- 현재를 살아가자. 정신을 집중하고 연습해야 한다. 연습하고 또 연습해 보자. 인생에서 성취할 가치가 있는 모든 것은 연습이 필요하다.

이 책을 선택해 읽은 당신에게 감사를 전한다. 당신은 마음을 더 잘 다루기 위한 탐구의 여정에 내가 조금이나마 함께할 수 있도록 허락해 주었다. 감사하다. 당신이 최고의 삶을 살 기회를 얻기를 간절히 바란다. 이제 당신은 원하는 삶을 창조할 수 있는 몇 가지 전략을 알게 됐고 내면의 힘을 얻었다. 그러니 꿈을 향해 지금 출발하자. 당신 자신의 행복에 대한 책임감을 갖고 즉시 행동을 취하자.

당신을 믿는다!

from 조

역자 후기

 이 책은 '바꿀 수 없는 것을 받아들이는 평온함과 바꿀 수 있는 것은 바꾸는 용기'를 바라는 라인홀드 니부어의 기도로 문을 연다.

 바꿀 수 없는 것을 받아들이는 평온함을 왜 빌어야 하나? 갓 어른이 된 어른초년생의 입장에서는 선뜻 이해가 안 될지 모르겠다. 사회라는 현실에 부딪치고 깨지면서 좌절감을 절실히 느껴 보기 전에는 내가 바꿀 수 없는 게 없다고 믿을 수 있기 때문이다. 나는 모든 걸 바꿀 수 있는 전사라고 생각할 수도 있다. 이런 생각을 하고 있다가 사회로 나와 바꿀 수 없는 것에 부딪치면 그 충격은 매우 크다. 심하면 삶이 통째로 흔들리는 위기를 맞을 수 있다.

　삶의 경험이 어느 정도 쌓이면 인생이 내 마음대로 되지 않는다는 것을 알게 되면서 바꿀 수 없는 것을 받아들일 수 있다. 하지만 어른초년생이 경험으로 그것을 깨달으려면 시간이 너무 많이 걸린다. 지금 당장 힘든데 말이다.

　그래서 바꿀 수 없는 것은 받아들이고, 바꿀 수 있는 것은 바꾸어 나가며, 이 둘을 구별할 수 있는 통찰을 주는 이 책은 어른초년생에게 특히 도움이 된다.

　바꿀 수 없는 것은 받아들이고 처한 상황에서 할 수 있는 것을 찾는 태도가 그 어느 때보다 중요해졌다. 코로나19로 팬데믹의 시기를 보내면서 우리는 이전에 경험해 보지 못한 삶을 살았다. 삶의 많은 부분에서 제약을 받게 되면서 많은 사람들이 '내가 왜 이런 일을 겪어야 하느냐'는 생각에 우울감을 호소했다. 코로나 블루나 코로나 레드 같은 신조어까지 등장했을 정도로 사람들의 마음은 크게 흔들렸다.

　이렇게 마음을 요동치게 만드는 사건이 팬데믹으로 끝

나지는 않을 것이다. 지구가 몸살을 앓으면서 기후 변화는 재난으로 다가왔다. 이뿐 아니라 세상은 정신을 차릴 수 없을 정도로 급변하고 있다. 온실 같은 학교 안에서 교과서 속의 세상에 익숙하던 사회초년생은 마음을 고요하게 유지하기 어려운 시대다. 마음을 다스려야만 살아갈 수 있는 시대가 된 것이다.

외부에서 발생하는 위기는 개인이 어떻게 할 수 있는 게 아니다. 따라서 저자는 자신이 통제할 수 없는 것을 받아들이고 자신의 '영향력의 원' 안에 있는 것에 초점을 맞추라고 조언한다.

이 책을 번역한 시기는 코로나19의 한복판에 있던 때였다. 3차 대유행이 시작하고 방역 당국에서 집합 금지 명령까지 내려졌다. 번역 작업의 특성상 나는 평소에도 사람과 대면하는 일이 많지 않다. 센터에 나가서 운동을 하고 주말이면 지인을 만나 담소를 나누는 게 유일하게 사람과의 관계로 진입하는 길이었다. 이게 금지되니 관계를 쌓는 길이 막혀 버렸다. 관계가 없는 삶보다 건조한 삶은 없을 것이다.

하루하루 생기를 느낄 수가 없었다. 코로나 블루가 내 이야기가 될 뻔했다. 다행스럽게도 그 시기에 나는 이 책을 만났다. 자신이 통제할 수 있는 것에 초점을 맞춰 할 수 있는 일을 찾으라는 저자의 조언은 늪에 빠진 사람에게 던져진 밧줄과 같았다.

나의 '영향력의 원' 안에 있는 것들을 찾아보니 의외로 내가 통제할 수 있는 게 많았다. 새벽 시간을 나의 발전을 위한 시간으로 만들 수 있었고, 아이의 학습에 더 깊이 관여하여 자녀를 잘 관리한다는 느낌을 받을 수 있었다. 시들어 가는 화초에 정성을 쏟으며 회생시켜 마치 내가 새 생명을 선사해 준 것 같은 만족감도 느낄 수 있었다.

운동은 집에서도 할 수 있었다. 앱을 활용해 규칙적으로 운동을 해 자기 관리도 소홀히 하지 않았으며 직접 만날 수 없는 사람들과는 줌을 활용해 비대면으로 만났다. 한 해를 보내면서 빼놓을 수 없는 송년회 역시 랜선 송년회를 통해 색다른 재미를 느낄 수 있었다. 사소한 것이라도 거기에 내 영향력을 행사하니 내가 삶을 통제한다는 느낌을 받았다. 이 느낌은 평온함으로 이어졌다. 저자의 조언을 적용하니 마음을 다스릴 수 있게 된 것이다.

하지만 이렇게 마음을 다스리는 훈련을 하다가도 갑자기 스트레스를 받게 되는 상황은 피할 수 없다. 인생살이가 곧 희로애락이니 노여움과 슬픔이 삶에서 사라지길 기대하는 건 무리다. 스트레스에 대처하기 위한 저자의 처방은 매우 실용적이다. 더 나아가 본질적인 처방이다.

저자는 스트레스를 유발하는 상황이나 사람이 스트레스의 근본 원인이 아님을 지적한다. 어떤 상황에서 짜증이 나면 그 상황을 다른 각도로 해석하는 통제력을 발휘하고, 누군가 기분을 상하게 하면 상대와 자신의 충족되지 않은 필요가 무엇인지 살피라고 말한다.

저자는 우선 스트레스를 주는 요인이 무엇인지 파악하라고 한다. 저자의 제안대로 내게 주요 스트레스 원인이 무엇인지 살펴봤다.

곰곰이 생각해 보니 나는 누군가 또는 어떤 상황이 내 개인적인 삶에 예고 없이 들어오면 예민하게 반응하는 걸 알아챌 수 있었다. 예를 들어 오늘 하기로 생각해 둔 일들이 있는데 누가 갑자기 찾아오거나 계획에 없던 일들이 생기면 스트레스를 받는다. 그래서 화살을 외부로 돌리고 스트레스를 유발한 대상을 탓하기 일쑤였다. 하지만 저자가 말한 것처럼 사람과 상황은 직접적인 스트레스 요인이 아니었다. 그 이면을 들여다보고 내게 충족되지 않은 필요가 무엇인지 검토하니 내게는 내 시간을 계획한 대로 통제하고 싶다는 생각이 있었다. 내 시간이 외부 요소에 의해 좌우되는 게 싫었던 거다.

그러면 이제 충족되지 않은 필요는 확인했으니 스트레스를 받는 상황을 다른 각도로, 더 나은 상황으로 이끌 수 있는 관점으로 해석해야 했다. 세상은 나 혼자 사는 게 아니다. 나는 다른 사람 또는 어떤 상황과 연결돼 있다. 이 연결은 삶의 필수적인 부분이다. 외부 요소가 언제든 내 삶에 개입할 수 있다는 것이다. 따라서 내 시간을 전적으로 내 의지로만 통제하겠다는 것은 애초에 불가능한 생각이었다.

이런 결론에 이르니 마음이 편안해졌다. 새벽 시간이나 저녁 시간 등 내가 통제할 수 있는 시간을 확보하고 그 안에서 계획대로 시간을 통제하면 된다는 생각이 들었다.

이 책에서 제시된 훈련을 따라 하니 스트레스가 확실하게 줄고 마음을 다스릴 수 있었다.

우리의 인생은 진행 중에 있다는 저자의 말은 무척 인상적이었다. '진행'이라는 말의 사전적 의미에는 '앞으로 향하여 나아감'이라는 뜻이 있다. 우리의 삶이 앞으로 향하여 나아가고 있다는 말이 큰 위로가 된다. 과거에 실패나 실수를 경험했더라도, 외부적 환경이 삶을 제약하더라도 삶은 전진한다. 하지만 이것이 가능하게 하려면 저자의 조언대로 과거의 실패나 실수에서 교훈을 얻고 제약이 있는 삶에서도 그 안에서 최대한 자신의 통제력을 발휘해야 한다.

저자는 자신을 성공한 사람처럼 보이기 위해 멋지게 꾸미지 않았다. 오히려 감추고 싶을 만한 과거까지 솔직하고 덤덤하게 전달한다. 자신의 삶을 고백하고 스스로 단단하게 설 수 있었던 경험을 이야기하면서 독자에게 위로와 감동을 선사한다.

혼돈의 시기를 살아가는 독자들이 난관을 극복하고 더 나은 삶을 살도록 돕기를 바라는 저자의 진실한 마음을 읽을 수 있었기에 이 책은 더 따뜻했다.

끝까지 읽어 나가다 "당신을 믿는다."라는 저자의 마지

막 한마디에 나도 내 마음을 다스릴 수 있겠다는 용기를 얻었다.

최은아

참고 문헌

Boyd, John. Zimbardo, Philip. *The Time Paradox: Using the New Psychology of Time to Your Advantage.* Atria Books. 2008.

Cicchetti, D., Walker, E. *Editorial: Stress and development: Biological and psychological consequences.* Development and Psychopathology, 13(3), 413-418. 2001.

Crowther, Bosley. Walt Disney. Encyclopedia Britannica. 2018.
https://www.britannica.com/biography/Walt-Disney

Goleman, Daniel. *Emotional Intelligence.* London: Bloomsbury. 2010.

Harvard Health Publishing. Understanding the stress response. Harvard Health Publishing. 2018.
https://www.health.harvard.edu/staying-healthy/understanding-the-

stress-response

Liden, Matt. 8 Buddhist Tips For Dealing With Anger. Study Buddhism. 2018. https://studybuddhism.com/en/essentials/how-to/8-buddhist-tips-for-dealing-with-anger

Manson, Mark. No, You Can't Have It All. Mark Manson. 2014. https://markmanson.net/you-cant-have-it-all

Manson, Mark. *The subtle art of not giving a f*ck*. Strawberry Hills, NSW: ReadHowYouWant, 2017.

Maslow, A. H. (1943). A theory of human motivation. Psychological Review, 50(4), 370-396. http://dx.doi.org/10.1037/h0054346

Mehrabian, Albert. Albert Mehrabian Communication Studies. IOJT. 2013. http://www.iojt-dc2013.org/~/media/Microsites/Files/IOJT/11042013-Albert-Mehrabian-Communication-Studies.ashx

Pease, Allan. Pease, Barbara. *The Definitive Book of Body Language: The Hidden Meaning Behind People's Gestures and Expressions*. Bantam. 2006.

Pressfield, Steven. *The Art of War*. Black Irish Entertainment LLC. 2002.

Robinson, Lawrence. Smith, Melinda. Segal, Robert. Stress Management. Helpfulguide. 2018.

https://www.helpguide.org/articles/stress/stress-management.htm

Rook, K. S. (1984). The negative side of social interaction: Impact on psychological well-being. Journal of Personality and Social Psychology, 46(5), 1097-1108.
http://dx.doi.org/10.1037/0022-3514.46.5.1097

Rosenberg, Marshall B. PhD. *Nonviolent Communication.* PuddleDancer Press; Third Edition. 2015.

Squier, Chemmie. Why Do We Get So Obsessed With 'Likes' On Social Media? Grazia Daily. 2016.
https://graziadaily.co.uk/life/opinion/care-likes-social-media/

Schwarzenegger, Arnold. *Total Recall.* Simon&Schuster. 2013.

Thoits, Peggy A. "Stress, Coping, and Social Support Processes: Where Are We? What Next?" Journal of Health and Social Behavior, 1995, 53-79.
http://www.jstor.org/stable/2626957

Sterner, Thomas M. *The Practicing Mind.* New World Library. 2012.